男性內在療癒

24個自我整合練習，卸下盔甲，成為真正自信又情緒成熟的人

Men's Work

A Practical Guide to Face Your Darkness, End Self-Sabotage, and Find Freedom

Connor Beaton

康諾·畢頓／著　謝明憲／譯

【推薦序】

打通男性任督二脈的一本書

海苔熊／Podcaster

我看完了！老實說不是爲了要貶低其他的書，但這大概是今年以來到目前爲止，我收到的書籍當中，最打中我的一本書了。我猜可能也是跟我最近自己的生活狀態有關。

我讀的時候，腦袋裡面不斷冒出三個聲音：

「對，沒錯，就是這樣！」

「爲什麼沒有人早點告訴我？」

「給你錢，你快點出！」

老實說，從小到大我都一直覺得男生跟男生相處之間有一種卡卡的感覺，就像作者說的一樣，好像很要好，可以一起開色情的玩笑、打電動、打籃球、喝酒聊天，但好像就是隔著一個什麼東西，沒有辦法眞正進入彼此的內心。作者談到朋友跟他提及憂鬱症曾試圖自殺，這個畫面是他少數有的和男性的脆弱互相連結的經驗，我相信這經驗對他影響甚深。

我的男生朋友不多，儘管如此我還是一邊讀的時候一邊覺得：「嗯，這一段可以推薦給○○看！」或者是，「天啊，這不就是上次ＸＸ跟我講的困擾嗎？我覺得這本書（比之前我推薦給他的另外一本企管相關的書）更適合他！」

我覺得這是我目前看過，寫給異性戀男性心靈探索和面對恐懼寫得最淺顯易懂的一本書。男生不喜歡看廢話，這本書裡面沒有太多廢話，有具體步驟、操作、問句、一針見血，直搗黃龍。把男生這輩子在意的許多關係，例如金錢、性愛、父親、母親、女友等等，全部掃過一遍，幾乎是打通任督二脈。

其中，我自己最喜歡的章節（好像有兩個章節都有談到），是有關於「脆弱的弔詭」，這世界總是鼓勵男性要脆弱，但當男性眞正呈現脆弱的時候，女性又不知道要如何回應男性的脆弱。

當然，這句話我沒有完全同意，但我覺得的確這是許多男性的恐懼。包含還有一個段落談到因爲女性不斷地在自我提升、讀書、進步（平均而言，台灣心理勵志書籍消費市場女性消費書籍的習慣是男性的好多倍），這也意味著，女性一方面追求獨立自主，一方面也希望男生可以呈現脆弱，而男性在這方面進步得很緩慢，只能夠選擇阻力最小的路，表面上看起來順從溫柔，實際上有很多事情還是悶在心裡。

這本書提出的伴侶溝通，我覺得只是一個解套的起點，更重要的是，其他章節所提到的許多面對自我內心恐懼的方法，尤其當我自己在讀到「我父親的痛苦、我自己的痛苦、關於父親，我希望知道的……」等等文字的時候，眞的是想起了好多好多畫面。再想下去幾乎就要哭了。

我只能說，在心理勵志的書籍針對男性市場這麼不賺錢的情況下，我很開心橡實文化願意出版這樣的一本書，或許男性還是跟過去一樣不太喜歡閱讀這種書，但只要有任何男性願意買下這本書，我相信會劇烈的改變他的生命。謝謝你們出版了這本很棒的書。

眞的是由衷感謝。

目錄

各界好評

「我偶爾會發現一本書，它會使我發自內心的讚嘆：『天啊，眞希望我也能寫出這樣的書——眞是太棒了！』我的嫉妒書籍小清單上又多了一本書：《男性內在療癒》。透過這本劃時代的書，康諾・畢頓完成一項艱鉅的任務——現代男性運動的先驅卡爾・榮格（Carl Jung）、喬瑟夫・坎伯（Joseph Campbell）和羅伯特・布萊（Robert Bly）所提出的——創建一個可行的策略，將男性的困惑、憤怒和普遍的愚蠢，轉化爲目標、療癒和自主。從序言開始，《男性內在療癒》的想法、情感和勇氣就深深吸引著我，令人愛不釋手。我很感謝能有康諾這樣的朋友，對於他透過這本書爲男性和整個人類所帶來無法估量的禮物，我更是感恩。」

——羅伯特・格洛弗博士（Dr. Robert Glover）
《別再做好好先生》（*No More Mr. Nice Guy*）作者

「透過與康諾相識及共事的整個過程，我可以很肯定地說，這是每個男人都需要的書。康諾巧妙地邀請、引導我們穿越痛苦，回到自己的內心。他提醒我們，我們應該接納自己的黑暗面而不是迴避。」

——馬克・格洛夫斯（Mark Groves）
人際關係專家及「創造愛網路平台」（Create The Love）創辦人

「在《男性內在療癒》中，康諾・畢頓精闢地闡明了男性尋求深層療癒和眞正自由的方法。我們的文化賦予男人沉重的負擔，但在缺乏指導的情況下，男人往往只能默默地將苦水往肚子裡吞。康諾是出色的導師和眞正的煉金師，他接納自己的痛苦，並將人生旅途中所獲得的智慧注入這本書中，讓其他人也能與自己的痛苦好好相處。《男性內在療癒》是一場英雄的旅程，我強力推薦給任何想要創造更平靜、更充實、更有目標的人生的人。」

——妮可・勒佩拉博士（Dr. Nicole LePera）

紐約時報暢銷書《全人療癒》（*How to Do the Work*）作者

「康諾・畢頓確實是當今眾多男子漢中最有價值的聲音。他熱情又直截了當地揭露那些妨礙『破碎男』（broken men）成爲完整的藉口和惡習。《男性內在療癒》是一本強而有力的指南，它將幫助男人從內心深處反思，從而找到他們所渴望且本該擁有的療癒。」

——傑森・威爾遜（Jason Wilson）

《哭得像個男人》（*Cry Like a Man*）作者

將本書獻給我最愛的兩個人：
愛妻薇娜（Vienna）和兒子柯德（Code）。
你們是我人生道路上指引我前進的光。

【前言】
這是一本專為療癒男人而寫的書

踏上這趟旅程之前，我認爲有必要先澄清幾件事。

首先，我不是要告訴你什麼是男子氣概，或者男人該是什麼樣子——儘管透過這本書，你可能會更清楚地知道自己對於這些問題的答案。

其次，在過去幾十年裡，人們一直在談論「破碎男」、「有害的男子氣概」、「男性危機」等等無數的話題，它們都暗示著男人已經集體走上迷途或變得支離破碎。男性被要求做出改變，並且要變得更好；但除了聽到「別再硬撐」這樣的建議外，幾乎沒有其他明確的療癒指引。

經過我自己多年的成長，以及輔導全球各地的許多男性將近十年，我開始了解到，男人的內在有著某種強烈的情緒，但我們在很大的程度上已經忘記該如何應對。許多男人背負著這些痛苦、困惑、憤怒、恐懼和悲傷的強烈情緒，卻沒有被教導該如何整合及善用它們來造福自己和所有的男性。社會上的大多數男性通常會拒絕、忽視或不願意處理這些強烈的情緒，而身爲男人的我們也已忘記該如何承擔它們。

這就是本書的目的：讓你觸及自己的強烈情緒和痛苦，從而處理它們。不論你的信仰、性取向或種族爲何，本書都將幫助你學會如何療癒及處理男人的強烈情緒。

此外，我還想強調一點：男性內在療癒有無數的形式、版本和面向，而本書的內容只是其中的一部分。我不會聲稱自己代表所有做這種功課的人，也不會無知到假裝這是唯一的途徑。接下來的內容是我曾經親自投入、也是我引導無數男人做過的功課，它旨在引導身爲男性的你能經由療癒之門走向你的力量。

最後，儘管我已竭盡所能地涵蓋盡可能多的經歷，但我確定還有很多被遺漏掉了。雖然本書擺明了就是爲男人而寫，並且往往是針對男女關係，但我會嘗試在適用的情況下涵蓋各種性取向。在輔導過無數來自各行各業的男性後，我的目標始終是盡可能的全面。如果你覺得自己被排除在外，我的建議是別太著重於某個男人的故事或其背景的外在細節，而是回到那連結我們所有人的內在動力。

【序言】男人的痛苦誰人知

人類似乎有一種良心，如果一個人沒有在某個時刻以某種方式，不惜放下自己的自尊來停止爲自己辯護，並承認自己也是會犯錯的凡夫俗子的話，便會受到這種良心的懲罰。

——榮格

男性內在療癒始於痛苦。

身爲男人，我們經常會感受到強烈的困惑、憤怒和情緒崩潰，同時也會感覺到內心湧現的強烈動力和決心。那麼，我們該如何調和這兩者呢？

更直接地說，我們男人該如何調整自己，不僅在會議室或床上追求最佳的表現，同時也能克服那些阻礙我們前進的障礙？我們如何在內心設置一個能引領我們度過人生最猛烈的風暴的羅盤？一個能引領我們走向深度的體驗、成就和目標的指南針？

我們男人如何培養帶領自己的能力？

爲了做到這一點，大多數男人都必須在某個時刻跨過門檻，進入自己內心深處的痛苦世界，並正視以下的事實：

我是曾受過虐待的人。
我是曾虐待他人的人。

或是換句話說：

我是正在受傷或曾受過傷的人。
我是曾傷害他人或正在傷害他人的人。

我花了數十年的時間才逐漸接受這兩個陳述，而它們現在成爲我的人生功課背後的推動力。不是因爲所有的男人都被虐待過或這些事情定義了我們是男人，而是因爲大多數男人內心都背負著一種痛苦，他們從未被教導如何療癒、處理或運用這種痛苦，來使自己的人生更具深刻的意義、方向和目標。而這正是這本書的目的。

要看見男人的苦不必走遠——只要在職場走一走，住家附近逛一逛，跟當地的酒吧、公園和餐廳裡的男人聊一聊。看著公車上坐在你對面的男人的眼睛，在他那堅硬又充滿防禦的外表下，你會看到那些不足爲外人道的責任、失敗的關係，以及害怕被視爲冒牌者的深深恐懼。事實上，這些男人的內心並不覺得他們能掌控自己的情感和理智。

因爲迴避痛苦的人，就會被自己的痛苦控制。

男人被教導要按照這些步驟來應對痛苦：

一、忍住。

二、吞下去。

三、藉酒澆愁，另外再藉由自慰來結束這一切。

四、必要時再倒一杯酒潤喉（或許），然後繼續重複此過程，直到充分麻木或忘掉這一切爲止。

不幸的是，這是許多男人走的路。該死的是，這也是我長期以來走的路子。我們爲了迴避痛苦而放棄了內在的領導力、自由和男子氣概，以換取一份安穩的工作、平庸的婚姻，以及一生中未實現的夢想。我們感到迷失、孤單，無法改變自己，每天都無助地受到內在的批評、懷疑和擔憂的折磨。

在許多方面，我們被推銷了謊言——一個關於分離的謊言。

我們被灌輸了一種崇拜——一種特殊性的崇拜。

我們已經遺忘了眞相；那眞相就是，痛苦是通往目標的道路。

那麼，我們該如何調和身爲男人所承受的痛苦，或是我們所造成的痛苦？該如何彌補我們可能對自己和他人造成的虐待、忽視、離棄和創傷？有沒有辦法將我們承受的痛苦轉化爲一種目標？而開始著手做這件事的原因，除了利他的理由之外，大多數男人會不斷問的問題是：「我爲什麼要管這些呢？」

因爲正如名詩人、神話詩歌男性運動（mythopoetic men's movement）的創始人羅伯特·布萊的那句名言：「男人的傷口所在，那就是他的天賦所在。」

從最慘的谷底出發

我醒來時發現自己又蜷縮在車後座，這是過去幾週以來每天早上的常態。我的肩膀痠痛、臀部緊繃，因爲我把一百八十七公分的身軀塞進了我那輛兩門的龐蒂克G5 Coupe的後座。沒有什麼比在當地的沃爾瑪停車場觀賞日出更棒的了。

時間來到二〇一〇年，我再也無法躲下去了。多年來，我試圖忽視自己所成爲的那個人。十多年來，我精心打造了我認爲別人想要我成爲的虛假形象——一個好男人。一個擁有令人興奮的職業、能讓他走遍世界的成功男人；一個擁有完美的關係、美麗的女友、摩托車和汽車的傢伙。就表面上來說，我覺得自己是現代男人的典範。

但我掩藏的那個男人再也隱瞞不住了。那個撒謊的男人、出軌的男人、憤怒的男人，以及深深地孤立和寂寞的男人，終於從面具的背後走了出來。

在住進沃爾瑪城堡（譯注：指作者的那輛龐蒂克G5 Coupe）之前，我已經墮落多年，但我將這些都深深地壓抑在內心。濫用酒精、食物、毒品、色情和性愛的行為終於戛然而止。我一直全力逃離自己的黑暗面，但它只會像一堵磚牆般出現在我面前。稍後我再來談具體的細節。現在，你必須知道的是……

我知道問題出在自己身上，但我不知道該如何逃脫、修復或改變任何事。

聽起來很熟悉嗎？

多年來，我知道自己失控了。除了不斷地需要作出那些會讓我深感羞愧、憤怒或內疚的決定外，我並沒有對特定的事物上癮。或許我是對滿足感上癮——試圖填補一個無底的深淵。大多數時候，我會花幾個小時看色情片，盡快喝完整瓶的傑克丹尼威士忌或南方安逸香甜酒，騎著摩托車進行街頭競賽和躲警察，跟盡可能多的女人上床，同時還保持全職的感情關係，並試圖成為職業歌劇演唱家（我知道這聽起來就像是八〇年代肥皂劇的荒唐情節）。

在沃爾瑪停車場看著擋風玻璃前的日出的兩週前，我的女友抓到了我出軌。這不是第一次，很不幸地也不會是最後一次，但這絕對是最具毀滅性的一次。

通常到了這裡，你會聽到關於我那些尋求刺激行爲的淫穢細節；繼續讀下去的話，你可能會懷疑自己是否正在看一部拙劣的《加州靡情》（*Californication*）翻拍劇本，只是發現飾演大衛．杜考夫尼（David Duchovny）的那個傢伙遠遠不夠有魅力，而且出於某種奇怪的原因竟然還會唱歌劇。但爲了尊重那些涉入其中的人（他們可能不想讓自己的生活像三天未換的內衣一樣曝光在別人面前），我將直接進入重點。

我感覺失控了，最後終於不得不面對它。我是反應型的人，一個缺乏自我帶領、自我疼惜，並且對那種必須承認自己錯誤或求人幫忙的想法感到厭惡的男人。

我欺騙了我交往的每個女人。我說謊、操縱、逃避，並對生活中的每個人隱瞞了我所有的業餘活動。

我是最糟糕的那種混蛋——你剛認識他時，會覺得他眞是個好男人。但其實我這個「好男人」是典型的披著羊皮的狼。

但這就是問題所在。沒有人知道。我把過去的痛苦隱藏起來；我拒絕承認我給自己愛的人帶來所有的痛苦和破壞。我的生活中沒有人能質疑我，沒有人能引發我的潛力，我找不到對象來傾訴我變成這樣的人所感受到的深深痛苦，也沒有人能幫助我整理生活中的混亂局面。

我對內心那不斷激烈批評的聲音感到無助，無力去選擇不同的人生方向，如同迷失在沒有地圖或指南針的荒野中，同時也被那多年來的自我破壞所帶來的強烈憤怒、悲傷和難過所困。

直到那個時刻，如果你遇見我，你可能會覺得我混得還不錯。但在我的腦海和內心深處，我都感到失控、缺乏規律和方向；而我的內在批評者更爲嚴厲，甚至可以讓最粗魯的大爺知道眞正的老大不是他。我後來才發現，原來成千上萬的男人都是如此。

在停車場連續睡了十七天，避免與朋友和家人通話，去公司洗澡，身邊環繞著越來越多的快餐包裝紙，我在車上終於到了臨界點。有比我願意承認的更多夜晚，我是哭著入睡的，並且不斷地在一切會變好的愚蠢希望與接受必須面對的現實之間擺盪。

「我是好人！」我大聲地對自己說。

「你爲什麼要幹這些事？」腦海中的聲音答道：「你怎麼可以這樣魯莽這麼久的時間……這樣地失控？你爲什麼不能收拾好自己的爛攤子？」

然後我又大聲說：「我他媽的是誰？」

自憐的氣味和我的車差不多難聞。

跟自己辯論是很少獲勝的，這次也不例外。

以前我說幾句話就可以從幾乎所有的困境中走出來，那這次爲什麼不行呢？這也是問題的一部分。因爲我是懂得見風轉舵的人。我已經變得非常擅長撒謊和操縱來避免被人視爲壞人，以至於我看不到自己已經成爲我想要避免的那種人。雖然我不想撒謊、欺騙、傷害別人，但我還是幹了這些事，並仍在心裡盤算著如何能在我造成的所有傷害中安然度過而毫髮無傷。

我是成年的男人，卻怕承擔後果。

我來到一個轉折點、一個岔路口……隨你喜歡用哪個比喻。這是那種直接面對你的眞實面目的決定性時刻。我一直在追逐一種幻覺，幻想著自己總有一天會改變。這種幻想使我覺得自己可以奇蹟般地變成「好人」，而不必付出任何努力來清理我的痛苦所造成的混亂。我相信了那種空洞、空頭支票版的生活和信念，告訴我們只要足夠「相信」，我們就可以得到自己想要的一切。但所有這一切都崩潰了。我終於放下了那種天眞又幼稚的想法，以爲自己可以過著無憂無慮、不必承擔後果的生活。

常言道，瘋狂就是一遍又一遍地做同樣的事，對吧？完全正確。

那天夜裡稍晚，當我再次把毯子拉到胸前，試著調整姿勢讓安全帶扣不會扎到我的後腰時，我的視線瞟到後窗外瞥見了夜空。當時的天空是完全晴朗的，星星點綴在沒有月亮的黑夜中。

過去幾個星期，我一直想決定該怎麼辦，卻毫無結果。我想了上千種不同的劇本，從精心策劃故事來讓我擺脫自己造成的混亂，到購買單程機票前往泰國。然而，今晚當我看著那星光閃爍的天空，沉思更陰暗的想法時，淚水開始從我的臉上流了下來。

我累了。感覺生命的重量壓在我的胸口，我再也逃不掉了。我對於自己如今落到這個地步感到非常羞愧和憤怒。

我不知道接下來該怎麼辦，但我知道自己不能再走現在這條路，因爲它只會導致澈底的自我毀滅。

痛苦即是道路

我們男人身上的傷口、疤痕和痛苦都有其人生功用，這些經歷可以引導我們走向深刻的意義和成就感的核心，並提供一條積極的前進道路。這就是成年儀式原本應該教給我們男人的東西——如何下到自己的黑暗面深處，然後再回來成爲更完整又更有貢獻的社會參與者。

然而，這也是男人眞正的問題所在：他不曾被教導成人儀式的技能或煉金術，他從沒學過如何處理自己的痛苦或世人的痛苦，因此，他抗拒痛苦。

經過多年努力尋找療癒的方法，我了解到，我不僅對處理自己所承受的傷害準備不足，並且似乎對我造成他人長久傷害的和解能力與自制力也極其匱乏。跟許多男人一樣，我擅長施加痛苦。而擅長某事的男人，往往會不斷地重複做這件事。

不僅是我對將痛苦轉化爲目標的煉金技法了解有限，幾乎我認識的每位男性也處於相對同樣的狀況。大多數的男人完全沒被教導過如何處理他們的痛苦，並善用它來成爲更好的人，而這方面正是男性成人儀式中缺失的一環。這個儀式在歷史上扮演著引導男性從青少年到成年的過渡期的角色，教導他們紀律和主權的技能，以及面對人生一些最具挑戰性的事情的能力。

事實上，我開始了解到，不僅大多數男性沒有被給予處理人生中的痛苦和苦難的工具或資源，我們男人還被積極地教導相反的觀念——那種不斷地迴避自己的情緒的愚蠢戰術。不僅如此，迴避情緒在某些圈子裡還被視爲理論和理性的力量。

看到這一點引發了許多問題。這些問題不僅揭示了當前男性文化中的根本缺陷，還凸顯出我們男人在建設繁榮社會方面必須在個人和集體層面著手進行的工作。

還有更多：我開始看到一個直接的關聯，亦即一個男人面對自己黑暗面的能力和意願，與他是否有明確的目標、深刻的成就感、以及他對自己最重要之事的影響力的了解程度有著密切的關係。

然而，在這男性大多被剝奪了情緒表達權的文化中，我們如何能賦予自己的痛苦一個目標呢？在這樣的文化中，爲了被分類或被量化爲一個男人，男人的原型必須做到不可能的事情，亦即要無畏和勇敢，但又不能脆弱？這是最大的男性迷思之一——誤以爲你可以勇敢而沒有與生俱來的脆弱。

當我們放棄自己的生活、心靈和情緒體來作爲犧牲，以維持那百害不侵的力量的幻象而得到回報時，我們就將勝利置於連結之上。我們讚揚自己在會議室、床上和酒吧中的表現，卻缺乏對自己在和解、修復和彌補方面表現的認可。

還有另外一種方式──一種在功課中找到勝利的方式，而面對自己的黑暗面就是這個功課的一部分。

開創新的道路

我要明確地指出，這本書是爲任何展開內在之旅的男人所寫的指南。這是一趟關於探索自己的痛苦、療癒、整合和實踐的旅程──成長進步的旅程。

這本書旨在承認我們男人共同及個別背負的痛苦。它旨在展示我們所承受的痛苦，以及我們對他人造成的痛苦，同時提供一份將痛苦轉化爲目標的指導訓練手冊。這本手冊將爲你帶來互惠的關係、更強的方向感，以及更完整的自我帶領能力。

本書中的功課是任何男人都可以做的。這不是一本絕對的指南和最終的結論。男性必須面對許多種功課，而他可以選擇許多不同的道路。我還不至於傲慢到認爲本書提供的功課是男人必須做的唯一功課或道路；相反的，這是一個男人針對我們男人被召喚去做的集體功課所提出的觀點。它總結了我這十多年來的學習、傾聽、學徒期、個人的功課、以及上千位我有幸輔導他們的男人的經驗。

本書是爲那些希望探索男性的黑暗面並學習如何將它融入自己的存在，以便不被它控制的人所提供的一張地圖。

重新連結男子氣概

本書公開支持男人和男子氣概。它是由男人爲男性所寫的關於男人的事。它不是爲男性辯護，也不是試圖主張男權，或是爲那些行爲不當並造成混亂的男人找藉口。本書是爲那些想要療癒的男人而寫的——那些準備好強化自己、使自己更有勇氣的男人；那些準備好改善自己、面對自己內心的惡魔、增強自己的男子氣概的男人。

在我們的現代文化中，關於男子氣概的眞相是，它在很大程度上是可以選擇的。它已不再是必需的了。你並不需要男子氣概來生存、融入或應付這個後工業化、全球化的複雜社會。你可以一生都不必了解男性導向的生活是什麼樣貌。天啊，有些女人說她們想要更女性化並完全脫離他們男性特質的男人（不管這些關係是否持久或有效，這是完全不同的討論話題）。

如今大多數男性從未停下來界定自己的生活，或男子氣概對他們來說眞正意味著什麼。他們無法控制地搖擺不定，試圖滿足周圍每個人，卻不知道如何滿足自己內心的渴望或激發內在最深層的力量。

我們用一些常見的例子來清楚說明這一點。你是否曾想過：

- 爲什麼你無法完全投入一段感情、工作或健康習慣？

- 爲什麼你對自己如此苛刻，以及爲什麼你無法收拾好自己的爛攤子？
- 爲什麼你建立的婚姻和家庭會失控，並處於瀕臨崩潰的邊緣？
- 爲什麼你的生活缺乏目標、方向或成就感？
- 爲什麼你不知道自己眞正想要什麼或什麼能使你快樂？
- 爲什麼你感覺到那麼多的憤怒，總是必須去麻痺自己？
- 爲什麼你經常拖延或缺乏信心去做你想做或必須做的事？
- 爲什麼你好像總是令人失望？
- 「我是那種人嗎？」那種似乎無法改掉舊習慣，一直困在觀看過多的色情片、串流電視和電影、玩電子遊戲、沉溺於惡習的循環中而逃避其他一切的人？
- 成爲自己是如此糟糕的事，以至於早上都爬不起來？
- 爲什麼你陷入了似乎永無止境的自我破壞當中？
- 你的性生活實際情況如何？

承認吧：你不僅問過自己其中一些或所有的問題，而且也發現自己被它們吞噬，並允許這種存在的無奈讓你一蹶不振。如果你終於可以一勞永逸地起身面對自己的內在批評者、停止自我破壞、成爲你深深尊重的男人，那會怎樣？你認爲自己會成爲怎樣的人？如果你每天經歷的所有功能障礙、過度分析、焦慮和心理折磨，都能以一種讓你建立生活而不是摧毀生活的方式來處理，那又會怎樣？

如果你終於能有自己所渴望的晨間例行習慣、更體貼地了解女性、擁有你想要的性生活、擁有你一直在尋找的職涯或事業上的明確性、擁有你知道自己配得的金錢富裕，那會怎樣？如果你有內在的動力來面對恐懼、消除日常生活中那些找藉口和合理化的行爲，那又會怎樣？你願意付出努力來擁有這一切嗎？

這並不是充滿廢話的推銷宣傳或勵志演說，而是一面反映那些可能困擾你的心的內在對話和欲望的鏡子。大多數男性都深覺自己與男子氣概或男人的核心特質脫節了。他們與內在的羅盤斷絕了聯繫——失去了帶領自己、挑戰自己，以及擴展自己身爲男人、父親和丈夫的能力。

大多數男人都在尋找自由，那是一種以強大、勇敢、有效且對周遭世界有所貢獻的方式帶領自己的自由。

功課就是由這裡開始，其核心焦點就是面對及整合心理分析家榮格所說的「陰影」。

陰影是你人格的一部分。你的不安、恐懼、不滿、怨恨和邪惡的衝動不僅存在其中，並且還奮力不懈地將你拖進痛苦和失能的深淵。它是你隱藏所有你不喜歡自己和最不希望別人知道的部分，同時也是那破壞你最好計畫和意圖的罪魁禍首。

《男性內在療癒》著重在當你承認自己的錯誤、處理過去的創傷，並從生活中消除那些習慣性失能時所促成的成長和擴展。男性內在療癒的一個主要面向是，引導你去面對自己的陰影，並承認所有被你忽視、忽略和迴避的一切。這就是會用到陰影功課的地方。它是主要的工具，因爲它能幫助你理解你的自我破壞和魯莽行爲背後隱藏的動機，從而使你能制定出揭示、理解和整合以前被拒絕、隱藏或未知之事的策略性計畫。

簡言之，這個功課是一種啓迪，它幫助你成爲你有能力成爲的男人。本書的內容描述了一個經過驗證的框架，來幫助你打破那些妨礙你追求性、自由、目標和平靜的失能模式。然而你必須付出努力。光是思考這些概念並無法改變你的行爲、神奇地解決你和女人之間的問題，或是給你那些你一直想要建立的心態和習慣。

事實是，你必須下功夫，並且會遇到阻力。你如何帶領自己閱讀這本書和做這項功課，將使你更了解自己其實是什麼樣的男人。這就是重點所在。它要讓你知道，自我帶領就是自由，但這種自由往往並非唾手可得的。

男人功課的核心有兩大支柱——對自由的強烈吸引力，以及深切地渴望以熱情、尊重和滿足的方式有效地自我帶領。

這就引出了一個問題：什麼是自我帶領？一種簡單的定義是：自我帶領就是你影響和引導自己走向你的最高目的、潛能、能力和目標的能力。它是你在任何情況或環境下的自力更生、自信和指揮的能力。自我帶領的重點在於能夠調整你的心智、身體和神經系統，同時能夠指揮自己走向有意義的目標和結果。

事實上，你越能有效地帶領自己，你就會越自由。但這並不表示你必須知道所有的答案或總是清楚該做什麼，而是知道即使在一無所知和深深的不確定性面前，你仍可以成長茁壯。

在整本書中，我含括了「回答問題↓揭開眞相」的部分，以及那促進成爲自我帶領的男人所需要的範型轉變（paradigm shifts）的「整合練習」。這些部分將與每章討論的內容相一致，以提供你工具來做出眞正的改變。

男性內在療癒不只是分析什麼是男人，更重要的是探究構成一個男人的基本要素。它的重點不僅是成爲好男人，更是學會善於成爲男人。它涉及面對及了解你自己的惡魔、黑暗和陰影的其他元素：定義及培養眞正的存在感、釋放那些受困的情緒，並善用它們的力量來讓智慧和直覺得以蓬勃成長。

若你已準備好重新擁有自己的生活，並遵循一項即將改變一切的計畫，那麼我們就開始吧！邁入競技場。

【第一部】

帶領

透過黑暗面來帶領

1

發現你的陰影

新的男人必須有意識地承擔自己的陰影，因爲這樣的人知道世上的一切問題都在他自己身上。只要他學會處理自己的陰影，他就爲這世界做出了眞正的貢獻，因爲他至少成功地承擔了當今社會巨大而未解決的問題中的一小部分。

——榮格

認識自己的黑暗面

認識自己的黑暗面是很有用的。要去了解它存在的原因、它是如何形成的，以及它會悄悄潛入你生活中的哪些方面而引起混亂和失調。這就是陰影——那些屬於混亂、惡化和破壞的無形之物，以及內在那些尚未開發利用的潛能。了解自己的陰影可以爲你帶來許多好處，其中至少可以讓你更深入和全面地了解你是誰，以及賦予你人生意義的是什麼。此外，它還可以幫助你發展完整性、成就感、謙卑和自信。簡單說，它將幫助你成爲更有效的自我帶領的男人。

瑞士著名的精神科醫生和精神分析學家榮格強調，個人在生活中的目標（其實就是成爲更能自我帶領的人）是追求完整性而非完美。榮格認爲，通往完整性的道路要求個人透過整合那些被壓抑或否認的心靈要素（這些要素構成了榮格所謂的陰影），來發展更好的性格或更有效的生活方式。

我們放進陰影中的東西是什麼？

我們將所有被社會、朋友和家庭視爲不好或不道德的東西，全都藏在陰影裡，其中包括所有使我們遭受嘲笑或懲罰的特質、價值觀、需求和欲望，以及我們不喜歡自己的那些人格面向。由於沒有家庭或社會體系是完美的，因此在適應社交的世界時，我們不僅會壓抑自己的人格中那些具有破壞性和「不可接受」的要素，最後還會將我們那些積極的、以目標爲導向的特質扔進陰影的火坑中作爲犧牲品。也許你的競爭心和野心被人視爲威脅，或者你的自信遭受到懲罰，又或者你那些有創意的努力被人嘲笑，使你感到自己被家庭或同儕排擠。無論是哪一種情況，大多數人在成長的過程中爲了換得安全感和歸屬感，不得不犧牲自己的一些眞正的力量和天賦。

當我們壓抑了自己固有人格中的某些要素時，我們就會變得更加膽怯、溫馴和服從——一個更容易預測、「友善」和更討人喜歡的人。然而，這種壓抑是有代價的，它使一個人脫離了自己的眞實、自尊、活力和完整感。透過這種壓抑和迴避的行爲，他學會不再相信自己的本能、直覺或方向感，並且可能開始活在深深的困惑中，總是想對他內在所欠缺的明確性進行過度的補償。正是基於這個原因，榮格認爲挖掘、面對和整合陰影不僅是個體的當務之急，同時最終也將使個體發展出自力更生的能力。而本書將幫助你實現這一目標。

從歷史上來看，在男性文化中，「黑暗面」與「面對黑暗面」在少年和成年的劃分上扮演著重要的角色。此外，它還是男性成熟過程中一段充滿宗教感和神祕感的時期。這些時期通常會要求我們面對自己、或我們一直忽視或完全視而不見的某種眞相。在這個過程中，我們身分的一些或許多部分將受到質疑，過去的我們將開始瓦解，並揭露出一個新的、在理想上更統一、更強大、更有貢獻性的版本的人格面具。

這是個人（人格的簡稱）發展意義的基礎——發展你的人格。如今，「個人發展」經常與追求更多的物質成功混爲一談。然而，個人發展的起源是根植於你的人格面具的成熟和進化，這不僅需要培養那些對你和周遭人有更高價值的技能和信念，同時也必須放棄之前那些已不再對你有用的信念、心智結構和故事。換句話說，個人成長不僅是關於個人「成爲」什麼，它同時也是個人「不成爲」什麼的過程——一個讓我們人格的某些面向消逝的過程，並爲我們那新的、更成熟的自我版本的出現提供肥沃的土壤。

因此，了解你「成爲」的方向，就是被迫去面對你熟知的事物或曾經的自己分崩瓦解，而這種瓦解會一直出現並令人感到不安。即使在最好的情況下，這個想法還是很有挑戰性的，因爲它迫使我們去凝視那未知的深淵，並使我們反過來去探索內心深處的自己，而那個自己是我們一直拚命努力不要成爲的人。

這就是陰影存在的地方。它是你試圖不去成爲、想隱藏起來不爲人知、避免去面對的自己的總集合；它是你在關係中隱藏的不安全感、無法控制的百般索求、對家人撒的謊，以及對自己和他人的評判；它是當你最希望成功時出現的自我破壞。或者，也許你就像我一樣在宗教家庭中長大，家中任何不符合《聖經》或神父所認可的良好天主教家庭形象的不堪之處都會被掩蓋起來，從而使家中的陰影變得幾乎眞實可觸。

你的陰影包含了所有你試圖對自己的意識隱瞞的包袱。你要不就是害怕公開表露它，例如因曾被拒絕過而不敢再向妻子提起的性欲望或幻想；要不就是自相矛盾地不得不透過強迫的行爲來展現它，例如付錢給妓女或在線上找女人來滿足那種欲望，即使你也討厭自己這樣做。

無論哪種情況，當陰影發揮作用時，「你」可能會感到失去控制。

「陰影」這個名稱也很貼切，因爲在很多方面，它包含了我們的心靈和身分的所有部分，而我們對它們一無所知，或者害怕承認它們的存在。陰影其實就是缺乏光照，它是一種盲點，或是自我的另一面（alter ego）。

當你表現出自我設限、自我破壞、自我毀滅和自我挫敗的行爲時，很可能你的內在陰影正處於主導的狀態。陰影是一種分裂的人格，其目的是阻止你實現自己的全部潛力，主要是因爲你的潛力被隱藏在陰影的黑暗深處，是你的意識難以觸及的。

陰影的存在有許多原因。首先，你的自我（或身分感）其「頻寬」是有限的，因此往往必須忽略你的身分的某些面向——尤其是當這些面向不符合你希望看到的自我形象、或這些部分在主要的道德和社會標準中不被接受時。譬如，我們現代文化對男性的一項主要社會標準是，他們應該是友善、溫馴和隨和的，於是男人便將自己那些與之相異或不同的本性棄置於陰影中，卻不禁納悶自己爲何會在不斷地順從別人的期望和需求的生活面向中感到苦不堪言。

此外，人生所經歷的痛苦和折磨也是陰影存在的原因之一。這些痛苦和折磨（無論是虐待、拋棄、拒絕、失去或尷尬）沒有得到適當的療癒或理解，因此心靈必須對這些經歷採取一些措施。特別在男性文化中，陰影更是成爲那些被壓抑、隱藏和拒絕的痛苦的大倉庫。這些痛苦在等待時機，並在男人最不希望的時候來襲——在他最渴望勇氣和膽量的時候引發不安全感和自我破壞的行爲。

榮格認爲，要處理陰影，首先需要將其視爲一個智識概念來理解。然後，透過持續的自省和反思，我們開始明白自己的陰影包含什麼，這使我們認識到一個令人不安的眞相，亦即我們個性中的一部分不僅與社會道德相牴觸，也與我們內在的、有意識的欲望相牴觸。更簡單地說，你的陰影會努力破壞你的目標和願望。

在當代文化中，關於男性和他們的陰影，最顯而易見的例子就是改編自恰克·帕拉尼克（Chuck Palahniuk）的小說的電影《鬥陣俱樂部》（Fight Club），其中的角色敘事者和泰勒·德頓就是典型人物。

由艾德華·諾頓（Edward Norton）飾演的敘事者是一位壓抑、平凡和憂鬱的失眠者，同時也是所謂被馴化的人。主角（整個故事的中心人物）迷失於自己的身分、對自己一無所知，因此整部電影從頭到尾都沒揭曉他的名字——這清楚地直接暗示著他缺失了身分。他一生都在容忍文化、老闆和女友的頤指氣使，而除了明顯的自我厭惡外，他的內在根本沒有發展出任何東西。

他的人生看起來一切都不如所願，但他似乎也無力去改變什麼。敘事者的個性可以用一句話總結，當他坐在馬桶上，試圖從宜家目錄訂購傢俱來尋找人生的意義時，他說：「我翻閱著目錄，想著什麼樣的餐桌組合能代表我這個人？」雖然坐在馬桶上訂購傢俱可能不是大家能感同身受的，但現今男人會毫無目的地在手機或電腦上瀏覽社群媒體，或在約會軟體上不加思索地左右滑動，試圖透過能把誰帶上床來認證自己的身分。

接著，泰勒·德頓（由布萊德·彼特飾演）的角色進場了。粗暴的泰勒自信、大膽、不認錯，堅信自己又毫不留情。他對自己的身分和想要什麼沒有任何的懷疑，與敘事者的性格完全相反。事實上，泰勒是敘事者一直在避免、卻又渴望成爲的一切（毫不在乎、毫不擔憂、反體制、支持個人利益）的心理和具體的化現。

在整部電影的過程中，你會看到敘事者的身分逐漸侵蝕和消逝，慢慢地被泰勒·德頓的信念、行爲和舉止所取代。敘事者從未眞正地確認自己的核心身分，他採納了越來越多德頓的人格面具，並執行他的命令，從而跳脫出他過往的生活。隨著德頓的計畫和渴望上升到近乎肆無忌憚的程度，敘事者發現自己逐漸對德頓不再感到興趣和贊同。

最後，在驚慌失措的瞬間，敘事者發現也許沒有泰勒·德頓這個人；或者更正確地說，除了敘事者自己以外，根本就沒有泰勒·德頓的存在。此時，他的現實破碎了。在他打電話給與德頓有染的女人瑪拉後，瑪拉證實他（敘事者）其實就是泰勒·德頓，或者至少一直在假扮他。突然間，泰勒出現在敘事者面前，敘事者的現實開始分崩離析並帶來了衝突。

說白了，電影中的敘事者也許是因爲失眠而導致精神病發作。但在象徵的層面，泰勒·德頓是敘事者的陰影的心理和具體之化現，它的擬人化和外部化是爲了讓敘事者和觀眾看見那眞實的、合理化的自我的另一面是什麼樣貌。事實上，泰勒是敘事者所壓抑、隱藏和拒絕的一切，他代表了敘事者所捨棄的男性特質——自由、大膽、果斷、清晰和方向。泰勒是敘事者所壓抑的所有要素、行爲和欲望的綜合體，是他希望自己能夠成爲什麼的一種投射。

雖然你的陰影可能不像敘事者那樣外部化，但按照榮格的說法，它仍然是那顯現爲「阻撓你最善意的意圖的無意識障礙」的原型或面向。

面對陰影意味著面對你的懦弱、嫉妒、懶惰、無知、虛僞、不安全感、貪婪、情欲、虛榮和其他自我放縱的傾向，這些都必須直接去應對。然而，就是在這個探索的過程中，我們男人開始發現自己眞正的主權、力量、意義、自信、目標和方向。這是生命和心靈的矛盾本質：要認識生命的完整豐富性，我們也必須意識到死亡及其始終存在的智慧。因此問題是：你眞的準備好認識自己嗎？你準備好去面對及正視那些關於你一直以來是誰、以及你想要成爲誰的眞相嗎？如果是，請繼續讀下去。

需要的工具

你需要一些工具來進行男性內在療癒：

- 願意誠實透明，即使這可能會令你感到不舒服（這是非常重要的一點）。
- 深入探索個人的歷史，以了解自己的行爲模式和信念體系的起源和形成——不僅是從思考的層面，也要透過經驗的角度來理解。
- 同意走出頭腦的思維而進入身體、生活的情感和體驗的內容。
- 致力於自我反思，並願意發現及揭開被隱藏的部分。
- 承諾絕對的承擔，例如在自己偏離了方向、變得被動地反應、迴避／拒絕眞實或必要的事情時，能勇於承認。

此外，要了解陰影，知道它裡頭有什麼東西在等著你是很重要的。你的陰影可能包含以下的內容：

- **憤怒／果斷**。對某些男人來說，他們的憤怒被隱藏在陰影中；但對其他男人來說，憤怒是陰影的武器。
- **限制性信念**。它們是關於自我身分的自我挫敗和破壞性的論述。
- **恐懼**。它可能是焦慮所驅使的聲音，不斷地擔心並警告我們那些甚至根本不存在的危險。
- **羞恥**。當我們感到尷尬、丟臉、被排斥或覺得讓別人失望時，就會產生羞愧。羞恥是像酒精一樣的抑制劑，能使我們對其他情緒、願望和需求麻木不仁。

- **性欲**。我們可能會對自己的願望和欲望感到羞恥，因此我們會把它們隱藏起來。通常它們會以某種方式出現，並且往往是不健康的方式。
- **哀傷**。這種感覺在我們有意淡化失去或失敗的影響時尤為明顯。許多男人將自己過去的失敗、心碎、被忽視和遭受遺棄的哀傷都儲藏在他們的陰影中。
- **目標**。這涉及到理解你的人生應該朝向哪個方向發展，而你應該貢獻、建立和創造什麼都可以從陰影中揭露。
- **潛能**。這是重要的一點。許多男人會將自己眞正的潛能儲藏在陰影中。他們表現出不知道自己能做什麼、不相信自己能「成功」，並且覺得現在的自己與他們認為自己應該或必須成為的人之間有著巨大的差距。
- **喜悅**。對某些人來說，他們表達或體驗喜悅的意願會被隱藏起來，特別是當他們有一種意識敘事（conscious narrative），認為自己不配擁有喜悅或擔心自己會毀掉喜悅的時候。
- **界線**。有些人會避免設定界線來隱藏自己的意圖和渴望，而其他人則會設定強硬的界線，並且通常也會產生相同的效果。

回答問題↓揭開真相

請完成以下的陳述來找出你自己的答案。回答的長度必須感覺自然並且是必要的。

- 我不喜歡別人知道關於我過去的事情是
- 我最不想要別人知道關於我的事情是
- 爲了獲得社會的接受度，我經常隱藏關於自己的事情是
- 關於我現在或過去的關係，我隱藏的是
- 有人不贊同我時，我會感到
- 我往往會對別人隱藏的情緒是
- 我最不喜歡對伴侶表達的情緒是
- 我的父親說身爲男子漢是
- 我的母親說身爲男子漢是
- 我在生活/關係中一直在迴避的是
- 我不喜歡談論關於我的
- 我的憤怒是

- 我的憤怒會失控的時候是
- 我很容易對他人進行評判的點是
- 我的潛力是
- 感到壓力時，我的處理方式是
- 回答這些問題感覺

整合練習 1

面對自己想迴避的困難之事，是男性內在療癒之一。

首先，列出你最近一直在逃避的所有事物，包括進行對話、人際關係、體驗、稅務、習慣、日常事務、道歉等等。然後從這份清單中挑選一件你一直在逃避的事，並宣告本週會對這件事採取行動。

整合練習 2

列出一到三個能在做這項功課時提供監督和支持的人或團體的名字。

陰影的主要目的就是保持隱藏，因此你的功課是去揭示、調和及重新取回你儲藏在那裡的東西。這意味著你必須在進行這項功課時尋求另一位男性、男性團體、輔導員、教練、十二步驟團體（twelve-step group）或治療師的支持。如果你沒有支持的來源，可以加入「男士交心聯盟」（ManTalks Alliance），這是一個線上團體，由世界各地進行這項功課的數百位男士所組成（網址：mantalks.com/the-alliance/）。❶

現在，請下定決心在接下來的七十二小時內聯繫他們，並尋求他們的支持。要明確地提出你的請求和期望。

揭露內心那隱形的男人

我有位個案名叫大衛，多年來他拚命地想掌握自己所渴望的人生。即使他在全球最知名的公司上班，他仍對自己的工作感到不開心、總是得遷就他交往的那些女人，並對自己生活中九成的事情感到不滿意。他有很大的夢想和抱負，但感覺彷彿自己的人生幾乎都

編註：
❶臺灣的男性支持網絡有衛生福利部的「男性關懷專線」（0800-013-999），以及社團法人臺灣男性協會等。

是爲其他人的期望和需求而活。他很難對交往的女性說「不」，必須拖更久的時間才能分手；即使他有財力離開朝九晚五的工作並開創自己的事業，他仍無法拉近他自己和他想成爲的人之間的差距。

從外表看，他是一個極其聰明、有才華又積極進取的男人。他是從極端貧困中奮力爬上企業的階梯而實現了財務獨立，並且大多數人都喜歡他。他在加拿大北部的偏遠地區長大，該地方遠離了現代的各種文明。他是母親經歷一夜情後生下的第一個孩子，因此他從小就不曉得自己的生父是誰。他只知道繼父，而這位繼父明顯地不給大衛好臉色看。

我開始輔導他時，大衛不斷地談論他希望能做的事、他想做的事，以及他從未眞正感到能向身邊的人展示眞實的自己。

大衛小時候幾乎必須獨自面對繼父接連不斷的言語攻擊，而這種攻擊經常是突如其來的。於是他從小就一直提心吊膽，並且很快地了解到，光是自己的存在就可能會引發繼父的叫囂、辱罵和口頭威脅。

當被問及身邊有這樣的父親是什麼感覺時，他說：「就像冷戰時期在俄羅斯擔任美國特務一樣。我變得疑神疑鬼，一直活在恐懼的陰霾中。我大部分醒著的時間都在想，自己必須做什麼或成爲什麼樣的人才能避免觸怒他。」

大衛了解到，做眞正的自己是不被接受的。而爲了適應（以他的情況來說是爲了生存），他必須抑制自己的渴望、需求和眞相。因此他經常幻想著大幅的行動和巨大的變化，我們稱之爲「中獎心態」（lottery mindset），許多男性都會在自己身上看出這一點。他落入小時候那種必須抑制自己才能獲得生存的陷阱中，並相信擺脫目前困境的唯一辦法就是做一些激烈的事，例如辭職、買單程機票前往泰國或拋棄他所建立的一切。

輔導大衛的時候，我開始了解到，他最害怕的是揭示眞正的自己。其中部分的原因是他不曉得隨心所欲的生活是什麼樣子，以及他小時候因爲做眞正的自己而遭受懲罰，這使得大衛幾乎討厭自己的一切，因爲他的成長環境使他養成了極其負面和自我貶低的心態。起初，大衛會在我們的會談中提出他的問題和選擇，並用他的聰明才智試圖讓我替他作決定。我了解到，即使我花了幾週的時間與他討論同一個問題，他還是不斷地考慮各種潛在的隱患和可能的失敗結果。我能爲他做的最好的事，就是幫助他重新恢復能力去了解到，按照他認爲對他自己和他的人生最好的方式去行動是很安全的。他從未學會信任自己或自己的決定，因而損害了他的自信心。

漸漸地，在幾個月的時間裡，我們致力於讓他作出小的、逐步的決定，而這些決定完全是根據他內心覺得自己想要什麼所作的抉擇。最終，大衛在自己的內心建立了信任的基礎，他決定辭去工作來展開自己的事業，並在數個月的旅行過程中自由選擇工作的地點。

雖然不是所有的男人都有過大衛那樣的經歷，但許多人都有他們自己學會閉嘴、保持沉默和忍氣吞聲的背景故事。

約翰就是完美的例子。他愛他的父親，並且很崇拜他。孩提時，約翰的父親嚴格、有紀律，幾乎從未表現出任何的缺點。他的父親是當地汽車工廠的藍領工人，生活習慣非常有紀律；他經常提醒約翰，紀律對於生存至關重要。在約翰人生的前十八年，他是每天看著父親早上進行的剃鬚儀式、他的鍛鍊習慣、以及他喝咖啡和燕麥的味道中長大的。回想起這些兒時回憶，約翰至今仍感到意義深遠。

「失去父親時，我覺得好像失去了最好的朋友。」約翰在我們早期的會談中對我說：「他眞是不可思議的人。我非常崇敬他，而且一直努力想做到他的一半，所以失去他眞的讓我痛心不已。從某些方面來說，我好像失去了我的錨。」

約翰來找我，不僅是因爲他失去了父親，而且是因爲自從父親去世他就悲痛不已，但卻幾乎無法表達哀傷之情。

「我很生氣，簡直就要抓狂了。我不想和老婆說話，她做的每件事和說的每句話都讓我感到不耐煩。每次兒子哭鬧，我都想把牆揍出一個洞來。」他在我們的第一次會談中坦言。

約翰被卡住了，因爲他無法對父親的離世表達哀傷。用我的話來說，他得了「情感上的便祕」。他失去了一位偶像，但卻說他並不悲傷。他對自己應該如何應對父親的離世感到困惑。一方面，他認爲父親的去世不應該影響他；另一方面，他確實感到自己快要完全崩潰了。

「如果我爸看見我坐在你的辦公室，他一定會唸個不停。」約翰打趣地說。

「怎麼說呢？」我問。

「因爲他認爲心理治療是沒有意義的，只是在浪費時間。我爸以前常說，這是女人抱怨老公的地方。如果一個男人不能自己解決問題，他就不是眞正的男人。女人說話，男人行動。這是他以前常說的話。」

「幸好我不是心理治療師。」我回答，引起一陣笑聲，而我也更了解他來找我的原因。

在我們的某次會談中，我引導約翰做一個練習來幫助他與失去父親的哀傷連結。在某一刻，他描述自己有一種感覺，彷彿「必須爲父親而成爲的那個人」與「眞實的自己」之間在交戰著。

「我可以感覺到壓在胸口的重量，彷彿有一個悲傷的鐵砧壓住我，但我好像沒辦法擺脫它或把它移走。」約翰說。

「想像你的父親在這裡和我們在一起。」我說：「對於那個鐵砧，他會說什麼？」

約翰沉默了一陣子，幾乎完全停止呼吸，肩膀、胸膛和脖子周圍的肌肉也變得緊繃。

最後，他回答說：「他可能會說，這是身爲男人的代價。我必須學會強大到能夠承擔它。」

「那麼那個重量呢？」我回應道：「你胸口的那個重量想要對他說什麼？」

約翰又沉默了。他的臉開始微微扭曲，眉頭皺起、顫抖、臉頰緊繃，脖子的肌肉也變得緊張，彷彿他正在全力以赴將那個重量吞回到他的內在深處。

「它會說，我不想像他那樣背著它。」

我問：「你可以直接這樣告訴他嗎？」

此時，約翰的淚珠開始滾落下來。他一動也不動地坐著，雙拳緊握、呼吸急促，臉依然是扭曲的，似乎想要阻擋那湧出的哀傷。

「我不想像你一樣背著這些鳥事，爸。我不想把它吞下來，假裝我對你的離開一點都不難過。我已經厭倦了自己必須隱藏它。我看見它對你做了什麼。」約翰宣稱。

在接下來的幾次會談中，我們談論了約翰有多麼想念他的父親，以及他一直在尋找哀傷的許可。約翰還透露，他認爲他必須抑制自己的許多不同面向，只是爲了贏得父親的認可。他不辭勞苦地贏得了一個他非常崇拜的男人的尊重，卻付出了情感健康的代價。約翰內心的那個隱形人渴望與自己的兒子建立更牢固的關係，但他不知道如何去實現。

這個功課並不是要貶低約翰的父親或把他塑造成壞人。他的父親仍是了不起的父親和榜樣。這只是讓約翰覺醒於一個事實，亦即他的父親雖然在許多方面都非常優秀，但在約翰的眼中，他的父親還是有缺點的。約翰與父親的離世和解的一部分，是他有了接受這個眞相的能力，使他能與那隱藏在內心深處的隱形男人建立連結，而他曾經將這個部分封閉起來，只爲了贏得父親的認可和尊重。

壓抑與抑制：內在那個男人的潛藏方式

每個男人的內在都有一個潛藏的男人。

一個隱形的男人。

一個在人生的某個時刻會告訴你「抑制等於力量和生存」的男人。

對許多男人來說，抑制已成爲一種生活方式。

對那些在工作上覺得自己像是冒牌者、覺得自己不配擁有目前的關係、或不斷地在各方面破壞自己的進步的男人來說，這已成爲一種常態。

就像大衛和約翰必須找回那些因爲追求接納而被遺棄或犧牲的眞正天性一樣，你也將面臨重新找回的任務。閱讀他們的故事時，你可能會感受到來自你的身分中那些被孤立的面向的吸引，例如創造的欲望、未實現的夢想、隱藏的哀傷，以及你爲了適應或生存而將它們塞進心靈深處的未被滿足的情感。

讓自己與你隱藏起來不讓周圍的人知曉的那個男人聯繫一下，想一想他。你不希望其他人知道、看見或發現的那個男人，他到底是誰？他想要什麼？他是哪時候出現的，以及他爲什麼會出現？他是你想要花時間相處的人，還是你希望消滅掉的人？如果其他人遇到他，他們會說什麼？

通常，內在那個隱形的男人是自己認爲必須隱藏起來才能融入男性文化、或被女性視爲有吸引力的各個面向的結合。

他是男人必須隱藏、拒絕和迴避的某種組合——他討厭自己和希望它們不存在的那些部分。這個隱形的男人是你內在的囚犯，但他通常握有打開你的解放感的鑰匙。

這個隱形的男人是透過壓抑和抑制的繁瑣又重複的壓力建造起來的。

我所謂的「壓抑」，是指某種外部力量（父母、同事、團體、霸凌者或社會論述）使你陷入屈服的狀態，導致你拒絕、隱藏或淡化某些事實（情緒、體驗、欲望等）。也許你曾被霸凌而屈從，被迫隱藏你的憤怒；或者被告知如果從事某個行業或熱愛的工作，你將不被家人接受，導致你的創造力的光輝變得暗淡。

我所謂的「抑制」，是指你個人選擇隱藏、淡化或拒絕某些事物，以作爲自我保護、被社會接受或獲得某種地位的手段的一種機制。這種抑制旨在幫助保護你、使你能夠融入社會，或給人一種強大和能幹的假象。

抑制和壓抑都是自我帶領的男人的敵人，因爲它們削弱了男人的決心，使他生活在對自己的恐懼中。它們鼓勵和引誘男人隱瞞他的眞相，並將他的恐懼埋藏起來，使他看不到自己該走的道路。抑制的心理領域是羞愧、怨恨和不安全感的荒蕪之地。它是一種心理精神力（psychospiritual force），像是永不放鬆的後背位裸絞般緊緊勒住一個人的身分，慢慢擠壓他的自由和信心的氣管，並切斷那讓他信任自己的選擇能力的血液供應。

有抑制的地方，就有一個受傷又衰弱的男人跪在地上，其行動都是出自於恐懼和痛苦，發揮的力量也只有正常水平的一半。

那麼，有了這些概念後，我想澄清一件事。抑制和壓抑與那些因爲不適當、可能造成危害、或不被社會接受而隱瞞的狀況是不一樣的。畢竟有些時候我們必須隱瞞自己覺得老闆或同事很有吸引力的看法，或是在某些社交場合約束自己不發表不適當的評論。這是抑制或壓抑與自我約束之間的區別。

將你那些被壓抑和抑制的部分揭露出來是非常重要的。它將迫使你正視那些被遺棄和拋棄的部分；它將使你目睹那些你通常隱藏起來不讓周圍的人知道的部分，並與它們進行交流。對於你的歸屬感來說，揭露內心所抑制和隱藏的內容是非常重要的。事實上，它對於你愛和被愛、自我帶領和帶領他人的能力也至爲關鍵，而其根本就在於我們透明的程度和品質。換句話說，**我們有多願意冒險被他人了解，我們就有多相信自己有所歸屬**。爲了對抗那由抑制而引起的持續性心理壓迫，透明度、勇敢的坦白、揭示內在眞相的核心是至關重要的。

重新與你那隱形的男人聯繫。最近在生活中有什麼是你一直在抑制或隱藏，而你想要承認它們的？如果那個隱形的男人有聲音並且能夠說話，那麼他會說什麼或請求什麼？在接下來的一週裡，挑戰自己去揭露這一部分。這可能意味著你必須承認你一直在避免的事、爲某種行爲道歉、進行你一直忽略的艱難對話、或僅僅是坦率地講出你想要的東西。

若想更了解你那隱形的男人，可以深入探討以下的問題。別太在意要有完美的答案；只要覺察到閱讀這些問題時腦海所浮現的想法即可。

回答問題↓揭開真相

- 人們（直接或間接地）告訴我，男孩子／男人應該是
- 人們（直接或間接地）告訴我，男孩子／男人不應該是
- 我不想讓父母知道關於我的事情是
- 在成長的過程中，我覺得自己沒有選擇餘地的時候是
- 童年時，我反抗的是
- 我曾經遭受懲罰的原因是
- 我認爲必須對父母隱藏的事情是
- 在成長的過程中，我不想讓朋友知道的事情是
- 如今我對人們隱藏的是
- 我不想讓我的朋友、家人或伴侶知道的是
- 我內在那隱形的男人是
- 他害怕
- 他想要

2

男性分離的迷思

人們蓋的牆太多，而橋梁卻太少。

——約瑟夫・牛頓（Joseph Fort Newton）

男人的力量在於他連結到最重要事物的能力。換句話說，生活的各個方面都要求男人學會如何與它們聯繫或建立關係。目標、愛、紀律、自由、熱情和性都要求男人學會寶貴的連結技巧，否則他將無法有力地左右及影響他內心渴望的生活面向。一般而言，男人所連結的，就是他會關心和照顧的。

即使在海豹部隊之類的精銳戰士領域中，與他人連結及專注於他人也被用作減輕壓力的手段。海豹部隊經過嚴格的訓練來學會狀態意識（situational awareness）——不僅是看懂自己所處的環境，還包括看懂周圍的人並與他們建立連結——之類的工具。最有效的團隊是由那些訓練自己與他人保持連結的人組成（看懂隊友的肢體語言、動作、眼神接觸、甚至是呼吸模式）。最優秀的團隊行動如同一體，因爲他們緊密地連結在一起。他們一起行動、感受、運作及執行任務；他們不是各自獨立的戰士，而是彼此高度協調的整體。

然而，對於無數抱持著獨行俠、靠自己解決問題的心態的男人而言，情況並非如此。此外，拒絕將自己視爲生態系統的一部分，也是男人的苦難和功課的核心所在。無論他相信自己完全處於系統之上，像獨裁者或專制者一樣地統治著它；或者視自己處於系統之下，感覺自己像是任它宰割的奴隸，他都會覺得無力去左右或影響他所屬的事物。這種分離會對男性處理他的關係、問題、財務、健康、家庭和目標的方式產生戲劇性的影響。

男性分離的迷思認為，只有在與那些可能使你變弱或導致別人認為你是弱者的事物分離時，你才是更強大的男人。男性分離的迷思教導你，要與任何可能威脅到你的男子氣概的事物切斷關係、貶低它們，甚至支配它們——無論它們是創造力、悲傷、哀傷、創傷、大自然、女人或其他男人。

由於這個迷思，無數的男孩和男人將踏上一個旅程，試圖與任何可能被認為是軟弱、有缺陷或導致失敗的事物分離。這使男人無法體驗必要的經歷來發展自己面對生命完整性的能力的高度信任，而這乃是男性驅動力的一部分。

然而，這並不是在主張以女性為中心的關於男性或男子氣概的觀點。事實上正好相反，因為男性分離的迷思經常被某些女性觀點的論述所採納和利用。女性利用這個迷思來反對男性，她們反過來用它來將男性與那些有價值的男性特質分開，因為女性認為這些特質是有威脅性或不必要的。你可能聽過這種觀點，它在一些常見的論述中提倡男性應該更加脆弱及隨和，並鼓吹與女性在一起時表現情緒的價值，同時貶低了在必要時表現自信和不隨和之類的特質的重要性。

無數的現代男性已經變得非常馴化，並在嘗試符合女性對男性應該如何的不斷變化和難以捉摸的定義時，脫離了他們的自信和直率。當一個男性試圖遵照女性對男性應該如何的看法，來建立他的男性本質或男性特點的基礎時，他會陷入困境，因為他會聽到兩種相互矛盾的說法：一方面，他們聽到男人應該在一段關係中順從女人和女人的願望，成爲所謂的「好男人」；另一方面，他們也聽到女人想要男人強大、自信、獨立和果斷。這種矛盾導致男人走上最少阻力的那條路，因爲放棄那些可能引發衝突或對立的男性特質，並選擇成爲女人口中的「好男人」似乎是更容易的。

不管這種分離來自何方，它不僅是男性苦難的根源，也是男人在當今社會中感到困惑的原因。他們在男人應該是什麼（或者更貼切地說，男人應該與什麼保持距離）的兩個極端之間感到左右爲難。

如同我以前必須學會不再迴避那些對我來說是重要的事、害怕的事、以及我不知道該如何應對自己的某些面向一樣，你也必須學會如何與自己的各個面向建立聯繫，即使有些面向可能看似令人討厭、難以忍受或難以應對。不必擔心，因爲在這趟旅程中，你不會是孤單的。只要你打破男人的規則。

打破男人的規則

在我待在沃爾瑪停車場的幾週後，我發現自己坐在一位最親近的朋友對面。他是我學生時代的同學，我十分欣賞他那無懈可擊的智慧、機智，以及我認爲任何人都不可能做到的保留和回憶信息的能力。我們曾經一起旅行，無數次地一邊喝著我們買得起的最好的蘇格蘭威士忌（儘管並不多），一邊進行人生的哲學思考，並享受著我認爲彼此了解對方眞實樣貌的深厚友誼。

我們有一段時間沒見面了。在一陣吐槽和玩笑話之後，我們開始聊起彼此過去幾個月的情況。

「那麼，」他說：「你最近過得怎樣？」

這是明知故問的問題，因爲事實上，我過得非常糟糕。我的整個生活最近已經崩潰了，很少人知道我深陷在謊言、不忠和羞愧當中。

「坦白說，」我回答：「不太好。」

「其實，」我繼續說道：「我做了很糟糕的事，必須爲許多事贖罪。我一直在對你和身邊的所有人撒謊。」

我們坐著，感覺時間過了好幾個小時，我描述了過去幾年來我生活背後發生的事情。這是一種不舒服的坦白，因爲我的一些行爲涉及到他認識的人，包括我們共同的朋友和同事。我和一位同事有了外遇，這毀了我的感情關係。關於我生活中發生的事情，我之前對他撒了謊，如今終於向他坦誠我的行爲。他耐心地聽著，偶爾對我經歷的事表示同情。

在我似乎找到一個合理的停止點後，我們陷入了沉默。當時氣氛緊張，我很擔心他會叫我滾蛋，永遠不想再見到我。不料，他卻說了我意想不到的話。

「謝謝你告訴我這些。我知道有些事情在發生，但我們似乎永遠無法談論它。老實說，我也沒告訴你我一直在應對的事情的眞實狀況。」

我的身體緊繃起來，不知道他要談的是什麼。我看他調整了坐姿，顯然他對即將要說的話是感到不舒服的。我的腦海中立刻想到了背叛，懷疑他是否與我的前任有染，或是以某種方式擺了我一道。

「老實說，我眞的不知道該怎麼講，但在聽到你經歷的事情後，我覺得自己沒有什麼好隱瞞的。」他再次停頓，焦慮地扯著指甲，試圖找到適當的措辭。

「事情說來話長。但過去幾個月裡，我一直在處理相當嚴重的憂鬱症。起初我沒太在意，但它變得越來越糟糕。我沒對你或任何人提過這件事，因爲我不想聽別人說那些空洞的話或是同情我。我也以爲自己可以解決，但情況變得很不好，非常非常糟糕。我開始覺得不想繼續待在這裡，我想找到出路。不用說，大概一個月前，我想結束它；結束我自己。我試著上吊。」他幾乎是用最快的速度說出這些話，就如同披露這種事的人會做的一樣。

「你自殺？」我飆出這句話。

「嗯，我想是吧。但顯然沒成功。」他勉強笑了一下，試圖緩和緊張的氣氛。

接下來的幾個小時裡，我們坐著討論了導致我們各自陷入谷底的原因。我不由得感受到一種不尋常的情緒融合，深深的憤怒與明確的同情交織在一起，最後是令人滿足的寬慰。我們對話的坦誠和眞實使我振作起來並恢復了活力。

我不記得所有談話的細節，但我清楚地記得坐在那裡時，我在想我曾經認爲他和我之間的關係有多麼親近。我眞的以爲我了解這個人的一切——他最喜歡的蘇格蘭威士忌、音樂、喜歡交往的女性類型。可是很顯然，我們一直活在一種虛假的友誼中，而我們男人實際在處理的最重要的事卻都深藏在各自的內心，彼此遙不可及。

隨著歲月的流逝，我在世界各地舉辦活動，並與男性進行更直接和透明的對話，我發現這是非常普遍的情況。終身的朋友們彼此不知道關於外遇、嚴重的憂鬱、焦慮、生意失敗、沒有性愛的婚姻、或是不斷出現的健康恐慌。男人有著欠缺深度的友誼。有些男人有女人可以傾訴並向她們敞開心扉，但大多數男人則缺少真實又有深度的男性友誼，這簡直要了他們的命。

這就是我所謂的「男人的規則」。這個規則很簡單：別談男人的苦。不要去談論關於失敗的婚姻、父母離世的哀傷或事業瀕臨崩潰的事。你要忍住、吞下去，像個男子漢地處理它——獨自面對。當然，你可以發發牢騷或抱怨一下那些細節（發洩對上司或工作情況的不爽，甚至抱怨一下妻子或女朋友），但不要分享實際處於那種情況下的嚴重性。

這是你人生中絕對必須打破的規則。事實上，打破這個規則對於你這個男人的健康、成就感和幸福至關重要。找到那些致力於自我提升的男性——那些不僅願意不顧情面地進行坦誠的交流，也願意採取行動來改正現狀的男人。找到那些願意參與這種對話的男性，並讓他們監督你實現自己所說的改變。不要只滿足於那些每週只會聽你抱怨的男性；要讓自己被圍繞在那些會呼喚你向前採取行動的男性之中（這是本書稍後會談到的概念）。

看看你日常生活周圍那些男性的素質。你是否對他們懷有深深的敬意？如果他們給你某個建議或見解，你會尊重它到足以採取行動嗎？你是否曾回過頭來幫助這些男性？有很多地方可以找到這種對話。有無數的空間可以讓你說出不顧情面的實話，並且可以得到同等的回應。事實上，大多數現代男性對這種坦誠的交流都感到飢渴，但他們卻害怕參與其中。

這一週，挑戰自己打破這個規則。與一位親近的朋友進行對話，談談你一直在掙扎的事情，分享一個你正在處理的問題，或說明你一直以來試圖獨自解決的事情。也許是你的色情習慣、你吸食大量的大麻或是你婚姻中的酸甜苦辣。

無論你揭露的是什麼，我要你去挑戰打破男人的規則，否則你將受到孤立法則的折磨。

回答問題↓揭開真相

- 我最不願談論的生活部分或面向是＿＿＿＿
- 我認為會使我變得脆弱的情緒是＿＿＿＿
- 我避免這種情緒的方法是＿＿＿＿
- 避免這種情緒對我的生活產生的影響是＿＿＿＿
- 我會覺得自己與伴侶／配偶疏離的時候是＿＿＿＿
- 童年時，我會覺得自己與父母／家人疏離的時候是＿＿＿＿

- 我最不想談論的問題或挑戰是＿＿＿＿
- 我總是在談論的問題或挑戰是＿＿＿＿
- 回答這些問題揭露了＿＿＿＿

孤立法則

孤立使男人變得無能。這種無能不一定是指性無能，但這個無能的意思是，它閹割了他與生態系統、社會結構和生活社區連結的能力，而他本來是可以爲它們做出貢獻的。這反過來會使他在生活的大多數領域中都無法發揮領導力，因爲所謂的領導，就是影響一個人或多個人，讓他們朝著共同的目標或任務前進的過程。因此，當一個男人與妻子、家人、職場或社區隔絕時，他就失去了對那些對他來說最重要的人、關係和環境的影響力，同時也使他無法獲得他所渴望的影響、愛和價值感。

如同暢銷作家亨利．克勞德（Henry Cloud）所說：「獨處和孤立是有區別的。一個是有連結的，另一個則沒有。獨處能恢復活力，而孤立會削弱活力。」

孤立會培養出無望和控制欲強的男人。它會孕育出情感脆弱的男人，他們試圖透過控制女人、孩子、員工、朋友和家人來維持親近的假象，最終導致他們更沒有能力與人建立深入的連結和關係。

孤立會造就出精神破產的男人，他們無法與某種形式的「更高力量」建立連結，也無法從敬畏和驚奇相關的靈魂擴展體驗中獲益；這種體驗能讓男人的小我感到卑微，並將他與宇宙的奧祕聯繫在一起。沒有這一點，男人可能會深深地迷失在他的小我的頑固僵化中，像癮君子般不斷地渴望確定性的滿足。

這種無能是由我所謂的「孤立法則」所引起的。這個法則說的是，孤立不可避免的影響是加劇既有的狀況、行爲、思維模式、情緒和恐懼。用最簡單的話來說，這一法則可以總結爲「孤立等於放大」。

當你孤立自己時，你只剩下自己的想法、情緒、信念和應對機制，導致它們交織成更大、更扎實、更具體的幻想。焦慮、憂鬱、冒牌者症候群、以及應對這些體驗所使用的機制，在你與人隔絕、或試圖掩蓋自己的眞相和渴望時，全部都會被放大。

不良的飲食習慣、過度觀看色情的內容、焦慮和人際關係的功能障礙，所有這些問題在男人孤立自己時都會增加。

然而，這種孤立的建立是爲了以下兩種目的之一：保護或懲罰。

有些人很早就學會，孤立是保護自己或所愛之人免於傷害的最安全、最有效的方法。對其他人來說，孤立則是他們的懲罰，或是他們認爲自己應該爲失敗或錯誤而受到懲罰。

每當克雷格與父親發生爭執時，他的父親會連續好幾天不理睬他。即使克雷格試圖在爭執後道歉或重修舊好，他的父親也會走開，獨自一人在書房看電視幾個鐘頭，以確保家中沒有人會打擾他。而多年來，克雷格痛苦地在他的婚姻中複製了這種行爲。克雷格孤立自己來懲罰他人。

小時候，身爲單親兒童的艾瑞克做錯事情時，會被母親鎖在房間裡好幾個鐘頭，沒有玩具、書本或其他事情可做，並告訴他這是「爲了保護他」。成年後，艾瑞克變得有些孤僻。在經歷艱難的分手或一週的困難工作後，他會連續好幾個星期離開朋友圈，坐在家裡抽大麻或追電視劇。艾瑞克孤立自己來懲罰自己。

提姆小時候發脾氣時，母親會告訴他，他沒有理由生氣以及「好男孩和堅強的男子漢不會生氣」。就這樣，提姆學會了將他的憤怒隔絕於世界和人際關係之外，以獲得別人的認可。在與一位充滿憤怒的女人結婚後，他沒有學會如何與她和她的憤怒建立界線（這需要他與自己的憤怒建立連結），他將自己封閉起來，對事情置之不理。有時他會做出消極抵抗的評論，內心評判他的妻子，希望她能「收拾好自己的爛攤子」。提姆孤立自己來保護自己，同時懲罰他的妻子。

注意這些男人是怎樣被教導將孤立作爲保護或懲罰的手段？他們從小就了解到，與其保持連結，不如切斷連結更爲簡單。況且在他們成長的環境中，通常其處理問題最安全的方式若不是將自己封閉起來或閉上嘴巴，要不就是完全遠離。

別將孤立與獨處混爲一談。獨處可以令人精神煥發和恢復活力，孤立則在許多方面都具有破壞性。大概可以這麼說，孤立最要命的一點就是它會放大已經存在的生理、心理、情感和精神方面的問題。其主要結果就是誇大了我們最不想面對的東西：焦慮、沮喪、恐懼、限制性信念、擔憂、懷疑、分心，以及從暴飲暴食到過度觀看色情內容的不健康應對機制，這些問題在我們孤立時都會被放大。

這種孤立助長了某些錯誤的信念，比如以下幾點：

- 「隱藏自己的眞相、情緒或渴望可以保護其他人的安全。」
- 「獨自一人會更好」或「獨自一人對我來說更容易。」
- 「既然做錯了事，就活該獨自一人。」
- 「對我來說，切斷連結比連結更安全。」
- 「只要隱藏我所認爲的缺點，就可以滿足我的需求。」
- 「隱藏（隔絕）我的缺點/需求/情緒可以讓我得到自己想要的愛和連結。」
- 「我可以藉由遠離這種體驗或隱藏我對它的眞實感受，來解決我的問題（保護自己）或別人的問題（保護他人）。」

現在，想一想你有多常使用孤立作爲應對挑戰、失敗或憂慮的策略。當你與妻子或女友已經好幾個星期沒有性生活，並開始對這段關係產生懷疑時，你的第一反應是什麼？你是否願意去進行那令人感到不舒服的對話？你是否在身體、情感和思維上保持開放來維持連結？還是你會深陷在絕望中，花幾個小時刷社群媒體、觀看你最喜愛的色情影片、或完全對她保持沉默？

事實是，當我們孤立自己時，就會更傾向於使用現有的應對機制，從而使我們更容易受到負面的思維模式、信念和內心獨白的影響。簡言之，缺乏健康的社會連結或正常的社區互動，我們就只能靠自己（以及深入網際網路的兔子洞）來應對了。

當你選擇轉向那些被你隔絕的東西時，你將找回自己的力量和能力。說出及表現那些我們被教導要隱藏起來的事物絕非易事。任何嘗試這樣做的男人必定會遇到他們內在陰影的某個部分及其陰謀詭計。你可能已經說服自己，隱藏你的需求或欲望會更容易，而這一點或許是正確的，因爲在許多情況下，關閉自己來避開世界的嚴酷現實確實比較容易。在某些方面，當我們隱藏關於自己的眞實樣貌和我們的渴望等令人不舒服的眞相，並將自己侷限在與世無爭的生活時，人生確實會變得比較容易令人接受。

無論何時，都要盡可能完全承認你最想隱藏起來不讓世人知道的事情。要與你心中那些最不希望朋友或妻子知道的部分保持親近。因爲如果你不迅速克服那種切斷連結的衝動，你就會把責任推到他人身上，並期望他們來拯救你及滿足你的渴望。與其讓人們去猜測你的立場或你希望前進的方向，不如直接讓他們明白。千萬別讓自己誤以爲少了你的全力投入和存在，你的女人、朋友或社區就會更好。

不要退縮。將你的腳牢固地扎根在那知道自己身爲男人的價値和重要性的肥沃土壤中。站出來支持自己、挑戰自己，有意識地主動走出孤立的方向。

在你以前通常會封閉自己及冷漠以對的地方，改成對當下的激辯或爭論保持開放的態度。藉由向世人完整地呈現你的眞實面貌，來使自己重新充滿能量和適應力，並讓那些表達、坦誠和尊重自己的行爲塑造你自己和你對世界的影響力。

回答問題↓揭開眞相

首先，完成以下的陳述：

- 我傾向於孤立自己的時候是＿＿＿＿＿＿＿＿
- 我會切斷與他人的連結，是當我感到＿＿＿＿＿＿＿＿
- 在那些時刻，我試圖保護自己／他人免於＿＿＿＿＿＿＿＿
- 這種熟悉的感覺像是＿＿＿＿＿＿＿＿

• 在那些時刻，我通常需要的是＿＿＿＿＿＿

• 在那些時刻，我希望其他人知道的是＿＿＿＿＿＿

接著，在日記本中寫下爲了適應你的家庭，你必須忽略、犧牲或無視於什麼？爲了得到父母的愛和接納，你必須忽略哪些需求或渴望？你又必須如何表現才能得到愛和認可？

整合練習 3

這是保持連結的練習。

為了擺脫孤立和分離，我們必須練習與周圍的人保持情感、生理和心理上的接觸。下次當你和伴侶或感覺親近的人在一起時，請連結你的呼吸，並將自己的意識深入身體的底部。讓你的腳感覺牢牢地扎根在大地上，甚至感覺像是透過你的腳和腿來呼吸。與大地保持深度的連結，並將意識下移至你的腹部，以及注意你身體的覺受。

與你的呼吸保持連結，放鬆你的胸部、肩膀和臉部的肌肉。當你的意識深入到身體內之後，接著讓它擴展到身體之外與其他人建立連結，並注意你對他們感受到什麼樣的連結。你從他們的身上感受到什麼？他們是否緊張？他們是否正在表達某種情緒？他們有什麼樣的肢體語言？他們的呼吸是又淺又快，還是又深又放鬆？與他們保持連結，而不必對他們所處的狀態採取任何行動。

不需要去修正、解決或改變任何事情。只要專注於呼吸，讓呼吸慢下來，意識深入到身體的底部，與任何在連結時出現的事物保持連結。

3

父親的陰影

「父親祕而不宣的會在兒子身上顯露出來；我往往在兒子身上發現父親的祕密。」

——尼采

父親的陰影既不是好的，也不是壞的，它只是無法避免的存在。無論是父親的完全缺席、他的虐待行爲、他漫不經心的生活方式，還是他在身爲人子的你眼中所代表的偉大傑出，男性內在療癒勢必會帶你走向你與父親投下的陰影的衝突之中。

沒有人能宣稱自己擁有內在王國的王位，除非他了解並走出他父親的王國。這就是父親原型的諷刺之處——爲了獲得個體的成熟，男人必須與他的父親分離，在世上努力開創自己的道路並贏得主權，只爲了後來能以獨立的男人身分來與父親重新連結。然而，當男人對他的父親所扮演的眞正角色和影響力視而不見時，這就會變得很困難。

當男孩的年紀還小時，他會仰望他的父親，見證那超乎尋常的偉大形象，而這個形象就是男子氣概、秩序、方向和指引的主要原型。它給男孩一種超越了目前的孩童狀態的感覺，並描繪出當他長大成人之後，他可能成爲什麼樣的人或擁有什麼特質。在《聖經》的經文和神話文學中，父親是帶來秩序的人。他的任務是將混沌轉變爲更清晰、簡潔和有結構的事物，這爲家庭、村莊和世界帶來和平、和諧與平衡。

然而，許多男人希望否定他們的父親，想要減少他們的影響，卻不知道這樣貶低、怨恨或崇拜父親會妨礙他們身爲人子的成長。

許多男人在青春期的焦慮中，會認定自己知道他們的父親應該如何養育他們。他們對父親教養他們的方式進行嚴厲的評判——把童年的渴望和需求投射到父親身上直到成年之後，有時甚至連父親去世後都還心懷怨恨。「他爲什麼不多花點時間陪伴我？」或「他爲什麼不教我做那些男人都應該懂的簡單事情？」這些疑問都可能導致你心中滋生怨恨。

大多數男人的心中都對自己的父親有所評判，彷彿他們知道父親曾有過什麼體驗，彷彿他們承擔過父親的時代、人生和痛苦的重擔，認爲自己如果面臨父親當時的決定和處境的話，自己一定會作出更好的選擇。因此，許多男人都活在對父親的憤怒或痛苦中，因爲父親沒有以他們所期望的方式來「爲人父」。事實上，每位男性都必須療癒及超越這種不滿的情緒，才能讓自己成爲成熟的男人。然而，這種憤怒和怨恨可能是由於男孩接受了父親那種有害的、不稱職的、傷害性的養育方式所產生的副產物，而這一切都更凸顯出將理解和療癒擺在第一位的重要性。

有些男孩成長的家庭中，質疑父親就像是質疑上帝一樣不被允許，又或者父親眞的是他們心目中的偶像或完美的人。無論是哪一種情況，這些男孩都將自己的父親看得如此崇高，幾乎不可能看到父親的缺點和不完美之處。此外，在他們的眼中，要達到父親所達成的高度幾乎是不可能的事，而由於害怕超越或面對自己的偶像，導致他們無法充分地掌握自己的力量。

其他男孩可能因爲看見父親在權力和權威上的腐化，而被迫過早地從父親的羽翼之下離開——

男孩逃避了自己的力量，害怕自己的能力和潛在的影響力，因爲他在任何方面一直避免成爲像那位將他帶到這世界的男人。

最後，如同許多現代的男性一樣，你成長過程中的父親是一位溫順、膽怯和軟弱的男人，完全沒有活力和主見。長大後，你才發現這種活力和主見已經轉移到你的母親或繼母身上。這些父親通常會避免衝突，並且缺乏方向和健康的界線，徒留給男孩沉重的陰影和困惑的艱難任務，使他不得不在沒有多少指導的情況下去理解如何成爲一個男人。這些男孩通常在早年就不甩父親、失去對父親的尊重，並且經常與母親發生衝突，母親扮演著壓制男孩的青少年焦慮和攻擊的角色，父親則坐視不管，開口只會說「去問你媽」或「聽你媽的話」。

父親的矛盾

這就是父親的矛盾角色——成爲眞心關懷、指點迷津和安全的典範，同時又公開和隱密地鼓勵男孩冒險、踏入未知，探索那面對困難的境界。透過這種方式，父親幫助並引導男孩走出他的青春期舒適區，特別是離開母親的愛護和滋養而邁向世界的危險。

成爲父親就是去示範當一個人能主宰自己的心境時的樣貌。這位父親成爲積極的男性特質、價值觀和美德的眞實體現，使男孩不僅能看到這些特質是必需的，並且還知道該如何培養它們。同時也要教導男孩，男子氣概並不是天生的，而且在現代的一些社交圈中，男子氣概也不盡然是受歡迎或被人渴望的。事實上，父親在展示結構、秩序、紀律和有價值的男人是什麼樣貌的這些方面，扮演著極爲關鍵的角色。這種男人不僅致力於培養自己的力量和技能的美好目標，同時還學會了如何將自己的價值帶給家庭、社區和社會。如果缺乏這種積極的示範，男孩可能在進入成年後缺乏方向、指引、清晰性和穿越生活障礙的能力。

也許你從不認識你的父親，他的缺席在你的人生中留下了一個男性的空缺。也許你的父親是受到大家愛戴的風雲人物，而你則擔心自己永遠無法成爲像他那樣了不起的人。也許你的父親極度控制、要求完美；或者你成長的過程有一個缺乏男性特質、方向或活力的父親，導致你對他心懷怨恨，或不斷地希望從他那裡得到更多。

無論你與父親的關係如何，我們的目的並不是責怪他。責怪是逃避個人責任的一種方式。身爲男人，我們的任務是直言不諱地探索父親對自己的人生造成的影響，並了解我們是否仍活在他的陰影下，以便能有意識地按照自己的意願選擇未來的道路。

事實上，大多數的父親都希望能養出在某些或所有領域都超越他的兒子。爲了實現這一點，兒子必須願意聽從冒險的呼喚，走出童年時父親所設定（或未設定）的區域限制。帶著這些認知，我們來探索父親的陰影要素及從中解脫的方法。

缺席的父親

我的父母在我三歲時離婚，於是我和父親相處的時間就被分割了。記得在之後的多年裡，我經常鬧脾氣、不停地哭泣，對著母親大發雷霆，因爲我想和父親在一起。我無法理解到底發生了什麼事。爲什麼他不在身邊？那個取代他的位置（我的繼父）的陌生人是誰？我又該如何處理父親離開後留下的空虛？那是一種我從未經歷過的、發自肺腑的空虛感，也不知如何應對。

我每隔兩星期的週末才能見到父親，但隨著他開始組建新的家庭，我覺得他離我越來越遠。然而，我並沒有看不起這個男人或父親。他從始至今一直都是眞心關懷、貼心周到、充滿愛心的男人。然而，身爲男孩子，我不知道如何應對沒有他在身旁的痛苦。像大多數男孩一樣，我對與父親相處的時光有著持續的、似乎難以滿足的渴望，不可否認的，每個月只能有一、兩個週末見到父親，這些短暫的時光對我來說是不夠的。出於某些我不知道的原因，生命將我的父親帶走，然後用另一個我極力排斥的人來取而代之。

正如我在之前的章節中提到的，兒童是以自我爲中心的存在。由於當時我正處於發展依附與連結的年齡，於是我的大腦和身體將父親的離開解釋爲「我」做錯了什麼，「我」犯下某種必須加以解決的錯誤。因此，我做了大多數男孩在這種情況下會做的事：行爲不當、叛逆、在學校惹麻煩、扮演課堂小丑、經常與繼父爭吵，並在各方面惹麻煩來確保每個人都知道我對情況感到不滿。我被診斷出患有注意力不足過動症（ADHD），醫生開藥給我吃，說我有學習和閱讀方面的問題，而我也成爲一個不守規矩、野蠻的問題兒童。幸好我的繼父是個盡職盡責的人（儘管我還是孩子時，我們總是意見相左），他承擔起嘗試爲我建立某種紀律和秩序的艱鉅任務。

父母離婚的原因在我二十多歲時仍然是個謎。即使在成年後，我仍不斷地在追逐父親，想要獲得某種關於他是誰的明確性，好讓我能了解自己必須在這個世界成爲什麼樣的人，彷彿他握有打開我這個男人所需要的解放、自由和主權的鑰匙，而我似乎無法獲得這一切。再次強調，我並沒有指責我父親的行爲。事實上，一旦我對發生的事情有更好的理解，我就明白他爲什麼會決定離開，然而當我理解後，知道他離開的原因並沒有改變他的離去所帶來的影響。

我的故事並不特別。這個故事有無數個版本，每個版本各有其獨特的角色、情節和障礙。這裡的重點是：缺席的父親總會在兒子的心靈、心智和靈魂中留下空缺。對男人來說，這是發人省思的眞相。無論他是那父親從未在身邊的男孩，還是只能偶爾見到父親的孩子，抑或是那個父親雖然在身邊，但在情感、身體和心靈上卻感到空虛的男孩。當男孩的成長過程中沒有父親的溫暖和激勵的存在時，他可能會覺得好像被剝奪了某種心理養分，然後試圖在外面的世界中尋找。

正如榮格心理學家詹姆士·哈里斯（James Hollis）所說：「兒子也必須在這個世界觀看他們的父親。他們需要父親向他們展示如何在這個世界中生活、工作、從逆境中反彈……他們必須透過外在的塑造和直接的確認來激發自己本身的男子氣概。」而這種缺席或不一致將會給孩子留下印記。

男孩扮演「家裡的男人」角色

柯林從樓上的臥室走下來，想知道發生了什麼事。他聽到尖叫聲，當時才六歲的他想知道是怎麼一回事。當他轉過角落走進廚房時，他看見母親坐在餐桌旁淚流滿面。母親一看見他，便急忙假裝沒事。

柯林的父親轉過身來，看到兒子穿著睡衣站在那兒，對眼前這一幕感到好奇。

「嗨，兒子，我和你媽在談一些事。我想我們也該跟你說一說了。」他的父親說著，彎下腰來抱起柯林。

他將柯林放在膝蓋上，安慰他一切都會沒事的，然後說：「我在另一個地方找到工作，我會搬出這個家。你媽和我以後不會常常見到面，所以我也會很少看到你。我希望你能好好照顧你媽，你現在是家裡的男人了。」

現在，柯林已經是四十三歲的男人，有兩個孩子和一個他愛卻難以建立連結的妻子。他因自己必須賺錢養家而對妻子頗有怨言和怒氣。他們曾達成協議，妻子在家帶孩子，他負責工作養家，但幾年後他發現單靠自己很難讓家人擁有他想要的生活品質，並且往往什麼事都會跟妻子發生爭執。

我們在探索他的過去時，柯林與父親離他而去的悲傷建立了連結。他看到這對母親造成的痛苦，以及他對於自己可能成爲家庭破碎的原因所抱持的深刻恐懼。柯林開始了解到，他是多麼地認眞看待父親說的話。小時候，他竭力地照顧母親，同時想要得到父親的認同。柯林大部分的童年時光都在照顧他的弟弟妹妹，充當他們的代理父親，試圖成爲良好的榜樣，必要時也會約束他們。他在父母之間充當中間人，負責傳達母親的金錢要求給父親，同時在父親不遵守這些要求時，不得不向母親說明來調整她的期望。

當柯林的第二個孩子出生，他陷入憂鬱的狀態，在家裡時情緒變得極不穩定，感覺自己的憤怒完全失控了。他並未意識到這點，但他是在爲自己失去的童年而哀傷。他痛苦又憤怒，卻不知原因何在。他無法看見那過早地被迫扮演「男人」的角色對他的影響。

當一位父親告訴孩子要成爲「家裡的男人」時，這孩子就立刻被放在一個成爲失敗者、不斷地感到自己不足的位置，因爲他根本不可能完成父親的角色和責任。即使這男孩從未被直接要求扮演這個角色，他也可能主動承擔額外的責任來修復、解決或彌補家庭中的破裂。這會導致這個男孩成爲設定自己無法達成的標準、目標和期望的人。他不僅相信自己應該是完美的，更相信自己應該能實現明知對他來說是不可能的事——他將繼續感受到童年時無法達到這些遙不可及的期望所帶來的恥辱。

此外，他還有被拋棄的經歷，因爲他不再處於父母的保護之下，而是被迫扮演父親（原本的父親不僅沒有呈現人父的形象，還將自己的責任轉嫁給了孩子）這個照顧者的角色，同時又必須聽命於母親。

父親缺席的影響

在《帕爾格雷夫男性心理學與心理健康手冊》（*The Palgrave Handbook of Male Psychology and Mental Health*）這本對男性心理學最全面的資源中，將父親的缺席列爲對兒童發展影響最大的因素之一，它指出：「這種缺少父親形象的影響包括注意力不足過動症、自我傷害行爲，以及性行爲不當。」我們可以從注意力不足過動症的攀升中看出這一點。男孩被診斷爲注意力不足過動症的可能性更大（男孩中的比例爲12.9%，女孩則爲5.6%），而男性的自殺率平均也比女性高出三至四倍。

本節的作者安德魯．布里格斯（Andrew Briggs）繼續說道：「所謂缺席的父親，是指他可能人出現在孩子的生活中，但在心理情感上或身體上對孩子來說是遙不可及的。不論他是以何種方式自行缺席，或是被迫離開家庭，本身都會對孩子的發展產生影響。」

無論父親缺席的原因是長時間工作離家數週或數月、每天工作十二小時的長班、離婚後的監護權有限、或是在情感和生理上都缺乏參與，男孩都會深刻地感受到男性影響力的匱乏。

父親也可能以其他的方式缺席，譬如對工作、電視、酒精、賭博上癮，以及社群媒體的干擾，都可能使父親遠離他們的兒子。

在大多數神話和宗教中，我們會看到父親往往因某種形式的冒險而缺席——活出他的使命、追求他的目標，或者展現出一個深深連結到他的動力和成就感的男人的樣子。這具有相當深刻的價值，因爲它可以教導年輕的男孩什麼是與目標連結的男人。然而，這並非大多數的男孩成長時所見到的場景。事實上他們看到的是，父親在一天工作十二小時後回家，而他非常討厭這份工作，只是坐在沙發上喝著啤酒、毫無目的地看著電視，然後去睡覺，不斷地重複著這種循環。這確實不是那些傳奇和神話所描述的樣子。

除了這些明顯的父親缺席的情況外，還有那些與自己的男子氣概深深脫節，並採納以女性爲主的父親形象的男性父親。這些男人通常不成熟、逃避責任，並且很可能在成長的過程中沒有男性在身邊，或者被告知男性是危險的。因此，他們將大部分養育子女和關係的決策外包給母親，自己只扮演著有名無實的父親角色。這些男人缺乏意見、方向和主見，無法爲孩子創建任何形式的結構或秩序，導致他們的兒子在健康、正向的男子氣概方面得不到充足的養分。

父親的角色對於孩子的發展至關重要，特別是對於小男孩的發展，因爲他們主要是透過與父親的互動來學習如何調整他們的系統，正如一些最新的研究所顯示的那樣。在最近的一篇文章中，心理學家艾倫·舒爾（Allan Schore）指出，在孩子十八至二十四個月大之間，父親在調整子女的侵略行爲方面扮演著根本性的角色。許多父親與孩子之間的打鬧遊戲，尤其有助於小男嬰透過在左腦留下印記來控制那些由睪固酮引起的侵略行爲。父親角色的這一面向使他們的子女能發展成在社會中自我調整的年輕人。

由於成長過程中父親的缺席，無數的男性很難有效地調整及帶領自己。他們可能在外表上看起來一切正常，但內心深處卻感到缺乏方向，同時覺得自己無法實現他們最終想要的改變。

父親缺席的男性可能會出現以下的症狀：

- 將他人的需求置於自己之上。
- 壓抑或變化不定的憤怒和侵略行爲。
- 與男性能量和特質脫節。
- 對與其他男性建立連結感到恐懼或困難。
- 持續處於不滿意的關係或職業生涯。
- 缺乏自我帶領和方向。
- 在身體、心理、性或情感方面感到失控。
- 追求他人的認可，尤其是那些在很大程度上撫養了他們的女性。

然而，成長過程中父親的缺席所帶來的挑戰，並不表示你注定會功能失調。就算你的父親並未如你所期望地陪伴在你身邊，也不表示他無能或是對你這個男人的種種問題負有全部的責任。這只表示你必須誠實地了解父親在你人生中扮演的角色，好讓你能走出幼稚的立場，不再期望他改變、按照你想要的方式出現或是變得有所不同。

男性內在療癒的其中一部分，就是學習如何在自己的內在激發及培養那些外在環境未能提供的東西。換句話說，男人必須願意培養那些他希望自己的父親能展現或教導他的技能、美德和特質。接下來的章節將爲你提供做到這一點的方法。

了解父親的痛苦

每個男人都將面臨一個不可避免的任務，亦即仔細檢視父親傳承下來的男性痛苦：父親對於自己過著極不滿意的生活而感到羞愧、被切斷連結和隱藏的憤怒，或是代代相傳、未能痊癒的虐待和創傷，這些都由父親傳給了兒子。如果不加以關注，父親的痛苦將不可避免地成爲兒子的負擔。

薩繆爾．歐雪森（Samuel Osherson）在他的《尋找我們的父親》（*Finding Our Fathers*）一書中，引用了一項深入又令人震驚的研究。該研究指出，僅有17％的美國男性表示在年少時與父親有積極的關係。這意味著平均而言，83％的男孩將與父親有著不滿意或負面的關係。即使實際的情況並沒有像該研究說的那樣嚴重，但這仍然指出，男孩人生中最重要的角色之一發生了悲劇性的變化而導致嚴重的失衡。

對於某些男孩來說，父親的痛苦是一種遙遠但可感知的存在，這個痛苦使他們的父親與夢想中的父親之間產生了差距。他們的成長過程中一直都有這樣的感覺，他們只了解那位撫養他們長大的男人的一部分。無數關於父親是誰和他年輕時是怎樣的問題，以及某種空虛感，都將影響男人對其父親的看法。

提姆就是這樣感覺的。他與父親相處得很好，小時候和青少年時期經常能互相陪伴。他的父親會帶他去練習棒球，以及指導他的小聯盟隊。但隨著提姆長大並搬到外面住，他開始了解到自己其實對父親一無所知。與父親相處時往往有一種距離感，彷彿他完全是在別的地方。

當提姆問起父親的童年時，他的父親會轉移話題，說些像是「那些都過去了，我不喜歡再想起它們」之類的話。提姆的父親是個嚴肅的人，很少敞開心扉，提姆總是不禁想知道究竟發生了什麼事。提姆的祖父是二戰的老兵，個性更加強硬。他話不多，不喜歡閒聊，那雙鋼鐵般的藍眼睛似乎仍承載著戰爭的重量。提姆的父親從不提及自己的童年，也不分享任何關於自己的父母的感受，但每次父親和他們互動之後，他會連續好幾天感到煩躁不安，有時甚至會持續好幾週。

即使在提姆四十多歲的時候，他仍對父親如此難以親近感到深深的憤怒。提姆從未能突破這種隔閡，而現在他的父親已是風中殘燭，並被診斷出罹患帕金森氏症。提姆開始對父親感到不滿，因為他一生都無法談論自己的過去，導致父子之間形成一道難以跨越的鴻溝。

對其他男性來說，他們的父親或繼父的痛苦卻是主要的連結來源。在父親的大嗓門和火爆脾氣中長大的男孩很快就了解到，獲得父親關注的最佳方法就是透過反叛的行爲、封閉自己、或是毫不猶豫地遵循父親的期望。這些男孩無意識地將父親的痛苦視爲獲得愛的主要途徑，有時甚至將其視爲個人的使命，透過改變自己來成爲父親所需要的樣子、模仿父親的侵略性，或者完全與自己的憤怒脫鉤，試圖「永遠不像他一樣」。

對某些男孩來說，他們父親的痛苦像菸草一樣被深深地塞在心臟的下方，有一天他們將對這種感覺有深切的體會，儘管他們對其起源感到不解。這些男人的成長環境都是那些溫和、困惑和過度馴化的男性，而這些男性選擇了與自己的憤怒、情感和傷痛分離的道路。這些父親被他們的痛苦所削弱，經常斷絕了自己的主見、動力和方向，並且往往會選擇那些過度主導一切的女人來告訴他們該如何生活。這導致男孩在青春期的門檻上感到手足無措，而當他步入成年時，他會發現自己孤立無援。

無論男孩的反應如何，他與父親的主要關係並非與父親本人，而是與父親的痛苦、羞恥、憤怒和侵略性之間的關係。

如同著名的輔導專家、《療癒那綑綁我們的羞愧》（*Healing the Shame That Binds Us*）一書的作者約翰．布雷蕭（John Bradshaw）所說的：「要麼歸還它，要麼傳遞下去。」這裡的概念很簡單：你要麼覺察到你所承受的，以便你可以明確地自行選擇如何去處理它；要麼你保持無知，並透過你的子孫、關係和社區將其傳遞下去。

我們來看看你父親的痛苦，以及它可能對你的人生造成什麼樣的影響。

回答問題↓揭開真相

回答以下的問題，並依你的意願詳細闡述。以下這些問題中，有些可以作爲你本週閱讀本章時的日記提示。

- 我父親的痛苦是
- 我們共度的時光是
- 他的羞愧是
- 他的悲傷是
- 他隱藏的方式是
- 我知道父親感到痛苦，是當他
- 他的表現方式是
- 圍繞在他痛苦周圍的是
- 對我母親的影響是
- 對我的兄弟姊妹的影響是
- 對我自己的影響是

• 我希望父親處理他的痛苦的方式是＿＿＿＿

• 我自己的痛苦／憤怒／悲傷中感覺與他相似的部分是＿＿＿＿

• 關於父親，我希望知道的是＿＿＿＿

• 關於我自己，我希望父親知道或接受的是＿＿＿＿

• 回答這些問題讓我感覺＿＿＿＿

• 我現在所知道的是＿＿＿＿

父親的憤怒如何影響你與憤怒的關係

男人與自己的憤怒的關係，可以透過父親的憤怒來了解。同樣的，男人調整自己的神經系統和情緒的能力，也可以透過父親調整他自己的能力來了解。這種情況會一直持續到男人擺脫了他在父親發怒或不發怒時所形成的自動反應——如果他沒有擺脫，父親就仍在掌控著他。

這並不是說父親對你這個男人的做法負有責任，或是對你的行爲、憤怒或調整能力難辭其咎。那些是你自己的責任。然而，學會更正確地看待你的父親，在建立和擁抱你自己的主權和自治方面至關重要。

父親在男孩的人生中扮演的主要角色之一，就是教導男孩如何調整自己，並在他的生活、身體和心智中提供秩序。當男孩跨越了青春期的門檻，他的身體會經歷睪固酮的增加所引起的劇變，從而導致更多的不穩定、性衝動，以及測試權威和限制的深切渴望。

父親調整自己的神經系統和憤怒反應的能力，將成爲男孩學習調整自己的基本範例，並且決定了女孩對男人的期望。

想像一下你的父親生氣了。對這個練習來說，他生氣的理由並不重要，只要想像他完全沉浸在自己的憤怒中。此時，你想到了什麼？這是你對他的正常印象嗎？當你想到他時，這些時刻經常浮現在你的腦海中嗎？你是否直接看到和聽到他的憤怒，還是它隱藏在他咬緊的牙和消極的評論背後？你是否很難想像這種情況，因爲你從未眞正見到過？

那麼，你的身體又是如何回應父親的憤怒呢？你是否想要逃跑和躲藏？你是否感到畏縮和屈服？想到身處在他的怒火中時，你是否感到渺小和退縮？還是說，你感到怒火攻心，想要動手動腳？也許你感到麻木、什麼事都沒有或無感，無法與眞實的生理反應產生連結。

那麼，你的行爲又如何呢？他的憤怒出現時，你必須如何行動、表現或反應？你和你的家人處在他的怒火中是什麼感覺，你們又是怎樣應對的？當他沒有生氣或沒被激怒時，你又是如何行動、表現或反應的？你是否刻意挑戰他來測試他的界線在哪裡？

在成長過程中，我發現自己處於兩個非常不同的男人的憤怒之間。我生父很少發火。他心情不好時我可以看得出來，基本上我不會做任何惹他生氣的事，因爲我視他爲偶像，我不想浪費與他共處的時間。有時候，小事情可能會困擾他。我記得父親曾對他感到不滿的事物進行類似十字軍的行動和短暫的大發雷霆——和車庫裡的螞蟻大戰、湖邊的鄰居在週末說的事情，以及對那些他認爲不稱職的人感到深深的沮喪。在大多數情況下，我父親的憤怒是受控制的，有時可能被隱藏起來，但從未具有威脅性或危險性。

我的繼父則是完全不同的野獸。他脾氣暴躁、嗓門又大，並且毫不掩飾。他調整憤怒的能力往往很有限，因此我也習慣了他的易怒和偶爾的不穩定反應。他和我經常爭論不休，而隨著我長大，我們甚至在多種情況下幾乎大吵到要動起手來。孩童時期，我對他感到不滿，認爲他是我父母離異的主要原因。這完全不是事實，但我幾乎每天都讓他知道我不喜歡他。我挑戰他的每一項決定，拒絕並忽略他的指導，甚至偷他的東西。十三歲時，我甚至有時候會偷開他的車和朋友一起兜風，相信他讀到這裡時會很開心的。我童年的大部分時光都在反抗這個盡力撫育我成爲他的孩子的人。家裡有個不斷想激怒你的野孩子，這種感覺可不好受。

這兩個男人都教會我許多關於憤怒的事。一方面，我看到了一個男人，他的憤怒可能是爆炸性、大嗓門、外向、易變的；另一方面，我看到了一個溫和、堅定，幾乎不表現太多憤怒的男人。

我看見和學到的是，憤怒可以是爆炸性、向外的，或者是內爆、向內的，而這兩種方式都沒有教我如何眞正調整自己的內在領域（這是我們將在後續章節中深入探討的內容）。

隨著年紀增長，我發現我在與自己的憤怒保持距離，因爲我認爲憤怒是危險的，它可能會造成傷害。這是我將父親沒有脾氣的特點奉爲偶像，以及對繼父的多變易怒進行抵抗的副產物。當我成爲小大人時，我發現自己宣洩內在憤怒的方式越來越少，於是將它轉移到整晚的放縱和酒吧的鬥毆中。這是我積極期待的事情，而在某些週末與「小伙子們」外出時，這更是我主要的焦點。

喝酒—喝得爛醉—打爆某人—找個女人—帶她回家，這是我以前處理內在憤怒的模式。我大部分的時間都保持著冷靜和魅力，幾乎跟誰都能相處融洽，同時壓抑住自己的任何憤怒，只在特定的情況下讓它爆發。

再次強調，我兩位父親的憤怒都沒有好壞之分。這不是關於是否有一位父親「做對了」，更重要的是兒子必須接受並從他所觀察到的事情中學習。繼父的憤怒和火爆幫助我保持節制，生父的冷靜和富有同情心的舉止則向我展示了不同的道路，這兩者都同樣有價值。

和許多男人一樣，我在父親（我的例子是父親們）身上見到的憤怒，深深地烙印在我心靈的結構藍圖中。這是我行爲背後運行的程式，塑造了我調整自己的想法和身體的方式，直到我在對抗或重複父親的憤怒之外，學會選擇一條不同的道路。

爲了選擇不同的道路，我必須探索我從兩位父親那裡目睹的憤怒的事實和影響，以便不僅能看到它對我的人生所造成的影響，同時還能爲自己選擇一條不同的、更加整合和獨立的道路。

這是男性內在療癒中至關重要的一部分——能夠理解你父親的憤怒和調整能力如何塑造了你與

憤怒的關係。我們將在後續的章節中更深入地探討你的憤怒和處理它的方法。但在此之前，請深入以下的問題和練習，以進一步了解你父親的憤怒、它的影響和你的反應方式。

回答問題↓揭開真相

這個練習是要探索你父親的憤怒的微細差別和深度。

- 我父親的憤怒是＿＿＿＿＿＿
- 它出現的時候是＿＿＿＿＿＿
- 它被隱藏的時候是＿＿＿＿＿＿
- 它對我母親造成的影響是＿＿＿＿＿＿
- 它對我的家庭／兄弟姊妹造成的影響是＿＿＿＿＿＿
- 身處其中的感覺是＿＿＿＿＿＿
- 我試圖避免它的方法是＿＿＿＿＿＿
- 我試圖激起他的憤怒的方式是＿＿＿＿＿＿
- 關於父親的憤怒，我一直想對他說的是＿＿＿＿＿＿

現在，我們來檢視你的憤怒。

- 我今天表達自己的憤怒的方式是＿＿＿＿
- 如果父親看見我這樣表達自己的憤怒，他會＿＿＿＿
- 知道以上這一切讓我感覺＿＿＿＿

整合練習 4

寫一封信給你的父親，或直接寫給他的憤怒（你並不會寄給他或拿給他看）。

你可以詳細描述身為小男孩的你，處在他的憤怒之中時是什麼樣的感受。它教會你什麼？你對他的憤怒有何欣賞之處？對於他的憤怒，有什麼是你還無法寬恕的？如果他更善於表達他的憤怒，你希望他會做些什麼？

當你準備好時，將這封信分享給你生活中的一位男性或你參加的男性團體，並在你大聲朗讀它時感受它的全部重量。

對抗與重複父親的作風

解放自己，不要生活在對抗或重複父親的作風當中。

想像你的父親是一個大嗓門、粗魯且有時具有暴力傾向的人。他所投下的陰影是，他對自己造成他人的苦難和痛苦一無所知。你看到了他的無知和攻擊性的影響，因此你努力不要像他一樣。你過分強調了自己性格中那些更友善、和藹可親的特質，並且總是高度重視他人的感受、需求和觀點，從而讓他們永遠也不會感受到你曾有過的感受。

然而，以這種方式生活也會產生它本身的盲點。注意你自己必須斷絕什麼才能不像他那樣。你可能斷絕自己的憤怒、缺乏主見，並發現你會對那些直言不諱地說出自己的需求的人產生反感和批評。你的關係可能因而受到影響，因爲你隱藏了自己的需求或切斷了你與自己的憤怒的連結，緊緊地抑制著那些必須向外表達的東西。

重複你父親的作風可能不會更好，並且通常也不會太明顯。

詹姆士即將接手家族企業，他是家中的長子，已婚，有四個孩子。離開金融業的職涯後，他進入父親的公司工作，距離正式接管這家父親奮鬥一生所建立的行銷公司還有幾年的時間。他想讓父親感到驕傲，一直努力學習和模仿父親的領導風格。

詹姆士找我諮商，是因爲他與一位女同事發生了婚外情，但他對自己爲何會陷入這段婚外情感到迷惘。我們探討他的不忠行爲時，詹姆士透露了他成長過程中爲了符合父親的期望所感受到的壓力。他十分崇拜父親，整個童年幾乎都是聽話的乖孩子以確保符合父親的期望，並盡其所能地爲父親著想。

「我搞不懂！」詹姆士對這段婚外情感到困惑。「我眞的不知道自己爲什麼偏偏會在公司做這種事。要是被父親發現，他肯定會氣炸了！」

我們探討了婚外情，以及在洗手間和上鎖的辦公室裡發生性關係的刺激感。詹姆士描述了這種祕密的婚外情是多麼地令人感到解放，以及這些邂逅使他感受到的強大力量，然後是隨之而來的羞愧感。

「我們辦完事後，我會走回辦公室，有時甚至直接出席父親也在場的董事會議。一方面，我對自己的行爲感到厭惡；另一方面，它又令我感到極度興奮。這就好像我在跟自己辛苦建立的一切作對，這是最令我感到困惑的地方。」詹姆士在我們的一次會談中透露。

詹姆士在一次想像向父親坦白這段婚外情的練習後，了解到自己從未反叛過父親，而且他的人生大部分都受到父親的控制、安排和決定。這段婚外情是一種解放，使他擺脫了重複父親的期望，並開創了他自己的道路，儘管這是一條無意識的道路。

解放自己而不再生活在對抗或重複父親的作風是至關重要的。檢視一下你爲了不想像他一樣所採取的方法。這樣做的代價是什麼？它怎樣使你一直受到限制或與他綑綁在一起？你在重複什麼？

你仍在試圖了解自己在哪些方面盲目地跟隨父親的腳步嗎？對自己誠實，並詢問那些了解你們父子倆的人。也許你的妻子、兄弟姊妹可以揭示你如何重複父親的行爲和選擇，或者間接地指出你似乎在跟父親對抗。

以下是可以使你開始擺脫父親的兩個步驟：

一、本週利用一整天的時間，生活得好似父親對你的人生有最大的影響力，然後看看你的行動和行爲是按照他的期望，還是反其道而行。你在哪些方面符合他對你的期望，或是直接在跟他唱反調？將這個體驗寫在筆記本或日記中。

二、和你信任的男性或你參加的男性團體一起坐下來談談你的父親以及你與他的關係，並至少談論二十分鐘。有意地這樣做，描述他的性格、你對他的評價、背叛，以及你希望他能給予或教導你的任何事情。談完後，請這些男士給你關於你怎樣生活在對抗或重複父親的作風的反饋和觀察。

學會「自己扮演父親」

在北歐神話中，有一位代表永恆的父親形象的神祇，他或許是北歐神話中（甚至整個文學領域中）最複雜的角色。他被稱爲狂喜大師、智慧之神、眾神之父、人類之父、時代之父、戰爭之父、勝利之神和狂怒之神。這位原型父親（眾神之父）千百年來一直代表了男性精神的典範。從許多方面來看，他就是男孩子心目中的父親形象——凡人中的神明。

奧丁（Odin）或其古北歐的名稱**Óðinn**，是由兩個部分組成：首先是名詞**óðr**，意爲「狂喜、狂怒、靈感」；接著是後綴**-inn**，爲陽性定冠詞，當它像這樣附加在詞尾時，有「大師」或「完美的典範」之類的意思。

出乎意料的是，「狂喜大師」不太可能是形容原型父親的形象時，人們會想到的第一印象。然而，正是這種形式的狂喜，才是使用這個詞的確切原因。事實上，奧丁的生活和故事（亦即他所代表的狂喜）都在提醒我們那些他所涉及的無數生活領域背後的整合力量：主權、智慧、魔法、戰爭、詩歌、薩滿信仰和亡者。

奧丁也是眾多面向的人物——野蠻人、薩滿、智慧老人、眾神之父、魔法守護者、吟詩者，以及掌管亡者的人。他本質上是屬於尼采式超人（Ubermensch）的神明，體現了男性心靈的眾多維度、追求、渴望和特質——他是永恆的父親形象的體現，不斷地往外面的世界冒險以滿足自己內在的渴望，而這不僅是爲了自己的樂趣，同時也是爲了改善他所處的空間。

奧丁傳說中的一個關鍵時刻或故事，就是他發現並踏上深入盧恩符文（Runes）的旅程。在北歐的宇宙觀中，阿斯嘉特（Asgard，亦即神界）位於世界之樹（Yggdrasil）的上部枝幹。世界之樹是一棵巨大而神聖的樹，包括九大世界在內的整個存在都環繞著它。爲了讀取盧恩符文中的智慧，奧丁知道他不得不作出犧牲來接受某種薩滿式的啓蒙，他將面臨證明自己配得上盧恩符文所具有的驚人智慧和能力的任務。

就這樣，奧丁展開了這項任務。他將自己倒懸在世界之樹的枝幹上，用他的長矛刺自己，並往下仔細端詳下方幽暗的流水。他要求其他神祇不得干擾，因爲這些試煉是他自己一人的。他確信如果他得到別人的幫助，智慧就無法賜予他。他不斷地凝視著下方，向盧恩符文呼喚。他停留在這種狀態下九天九夜，幾乎要陷入瘋狂，並將自己的身心推向了極限。在第九個夜晚的尾聲，他終於在深處中看到了形狀：盧恩符文被揭示了出來。

盧恩符文接受了他的犧牲，並向他揭露自己的形式，以及其中隱藏的祕密。奧丁吸收了盧恩符文的智慧，用記憶將它們記錄起來，並銘刻在自己的存在狀態中。這使他晉升爲神明，做了其他人不敢做的事。

憑藉著他從試煉中獲得的知識，他學會了如何運用盧恩符文的力量。由於這個試煉，他成爲宇宙中最技藝高超、最強而有力、最受尊崇的存在。他學會了讓自己免於受到束縛的技巧、避開和擊敗邪惡魔法的施法者的策略，以及療癒情感和身體創傷的咒語。他學會了如何贏得及保有愛人、保護戰鬥中的盟友的祕密，並獲得了喚醒亡者的能力。

雖然這些事情都有著美妙的象徵意義，但這個故事與其結果並沒有太大的關係。這個特別的故事並不是在談奧丁在他的啓蒙測試中獲得了什麼東西，而是在向男性傳達一個極其重要的訊息：**將自己獻祭給自己**。

奧丁的故事是詩人梭羅（Henry David Thoreau）的情感解藥，他說：「大多數人都活在沉默的絕望之中，一直帶著心中的歌走向墳墓。」

奧丁的故事是爲男性的無聊乏味提供解藥的神話，同時讓我們想起我們對冒險、挑戰和知識有著深切的渴望。

奧丁向我們展示，我們必須犧牲自己的一部分來獲得盧恩符文的智慧——深奧和不爲人知的智慧。爲了進入他內心的歌，奧丁必須將他的「低我」獻祭給他的「高我」，並將小我、權力、狡猾的算計和身體的高超技能擱置一旁，完全臣服於他的高我——一個神性導向的自我，它想要讓智慧成爲更完整的帶領者、治療師、詩人、父親和男人。而你必須願意做同樣的事。

學會自己扮演父親有兩個部分。第一個目標與奧丁的相同：學會如何將自己獻祭給自己。學會如何將年輕的無知和永遠長不大的行爲（Peter Pan behaviors）獻祭給內心的長者；學會如何將懶惰、缺乏動力、自我破壞、迴避風險、自我貶低和不相信自己的版本，獻祭給自己那嶄新、更有本事、更有能力的版本。

顯然，這並不需要忍受奧丁所經歷的那種身體傷害，雖然進行那些可能在生理、心理、情感和靈性上考驗你的極限的靈境追尋或儀式之類的體驗也是有益處的。學會如何犧牲你那些較不重要的特質，可能會使你直接觸及你已經在傷害及阻礙自己的那些手段。要下苦功，不僅要捨棄那些低等的行爲（例如不健康的飲食、不忠或持續性的負面自我對話），還要發展那些必要的技能、素質和特質來成爲更強大的男人。

你可能必須經歷某種困難。你可能必須讓自己感到極度的不舒服，無論它是否表示你必須面對自己的小我、找到指引你方向的導師、獨自進入森林幾天、禁食、決定戒酒、或停止觀看你喜愛的電視節目。這可能意味著你報名參加武術課程，以便能培養出幾十年來你一直都欠缺的身體上的自信；學習生存的技能；或養成在特定的時間起床，並建立更有生產力的早晨習慣。這可能意味著你報名參加某種進修教育、展開一場靈性的追尋，或在週末進行單口喜劇表演，因爲你想培養透過幽默的方式說出眞相的能力。

無論做何種努力，「自己扮演父親」都需要你積極地發展自己，並將較不重要的自我（亦即那些負面的信念、恐懼、不安全感和軟弱）獻祭給你的高我。要像奧丁一樣，致力於「掌握」自己的狂喜、狂怒和靈感。在你認爲有意義的生活方面尋求（並成爲）智慧的具體展現。要更深入地發展你自己、你的能力，以及你身爲男人的本事。

第二個目標是學會如何照顧你內在的小男孩——那個沒有得到父親的指導，或是遭受虐待而對男性不信任的小男孩；那個沒有從母親那裡獲得同情和關懷，而現在渴望得到女性肯定的小男孩；那個感到被忽略、被排斥或長期感到孤單，現在不知道如何在成年後建立深刻的人際關係的小男孩。也許你內在的小男孩曾經被霸凌而成爲受驚嚇的男人，不知如何爲自己挺身而出；或者那個小男孩從未被教導如何學習、鍛鍊身體或如何與女性互動。這個小男孩需要你的介入來發展他從未獲得的能力和技能。此處的關鍵字是「能力」，無論它是自我指導、自律、同情心、情緒管理、自我認可或其他有價値的特質，這些都將有助於讓內在的小男孩不再左右你的生活。

我還記得我終於理解這項功課的重要性的那一刻。需要「自己扮演父親」的概念使我感到麻煩又迷惑，而且有些荒謬。我的童年跟這一切有什麼關係？自己扮演父親又有什麼好處？我發現自己甚至不想去思考我的童年。直到有一天，我回老家拜訪父母時，看到一張我大約五歲時的照片。照片中，我坐在屋後露台一個裝滿熱水和肥皂泡的大鍋子中，顯然當時我在洗澡。我膝蓋上貼著OK繃，全身沾滿了塵土，臉上露出大大的笑容——那種世界和現實的重擔尚未滲入骨子裡時的笑容。當我看著那個男孩時，我感受到那立在我倆之間的所有歲月的重量——我所忍受的種種傷痛、我作過的糟糕決定、我一直帶著的憤怒。當我了解到我對那個男孩的照顧是如此糟糕時，我整個人感受到沉重的哀傷。我並沒有成爲內心那個男孩能夠信任、甚至尊敬的男人，而那個男孩當然也不信任我這個男人。我知道這是事實，因爲我並不信任自己這個男人。我並沒有成爲一個眞正能讓那個男孩得到休息的人，因此他仍在左右著我。

我讓那個男孩主導太多的事情：人際關係、金錢、事業、紀律，這些方面在某種程度上都受到那個男孩的支配。我終於能如實地看見自己生活的混亂和幼稚的狀態。這是一個男孩所建立的生活，而不是一個男人。我開始在各方面看到這一點，例如在爭吵中拒絕負責、未能對自己的失敗承擔責任、我所逃避的風險、不斷地渴望女性的認可，以及我一直在迴避的艱難對話。我必須發展紀律、面對我一直在迴避的眞相、修復我與其他男性的關係，並做出無數的其他努力。

多年來，我看到這種情況在許多男性身上都是如此，甚至到了他們五十歲或六十歲時也仍是如此。這些男性對於應對生活中的責任感到極度的無力，內心並不覺得自己是眞正的男子漢。他們不斷地渴望逃離他們所過的生活，遠離現實的嚴酷。

看看你的童年，並與內心的那個男孩連結。他缺少什麼？他需要什麼，特別是他需要從父親那裡得到什麼？他需要指導嗎？他需要導師的指引嗎？需要鼓勵他冒險或追求他的興趣嗎？內心的那個男孩是否需要更多的愛和認可？他是否渴望被擁抱或被教導基本的生存技能？也許內心的那個男孩需要鞭策和挑戰，或者需要父親站出來面對母親、保護他免於受到某個家庭成員的虐待、面對他自己內心的魔鬼，或者只是更多的眞心關懷。在你的生活中，如果你能毫不留情地坦白的話，你在哪些方面仍然像個孩子一樣。是拒絕負責任、表現無助的樣子、明知道該採取行動卻避之唯恐不及嗎？這些都是你必須去發現的事，從而清楚地了解什麼才是「自己扮演父親」的樣貌，並將內心那個孩子從你的人生駕駛座上移開。

成爲你童年所需要的那個男人；成爲那個男孩想要仰望、學習、成爲和超越的男人。這項功課的結果會呼喚你走向更成熟的自己。它使你在關係、健康、財務或事業中的舉止不再像個孩子，並幫助你發展那些你一直渴望擁有的技能和能力。

回答問題↓揭開真相

在反思如何自己扮演父親時，用一點時間來完成以下的陳述：

- 我希望父親在我還是男孩時教給我的是＿＿＿＿
- 想到我還是男孩時，我感覺＿＿＿＿
- 身爲孩子，我最需要父親給予卻沒有得到的是＿＿＿＿
- 父親給我最珍貴的事物是＿＿＿＿
- 如果有個完美的男性角色典範，我想從他那裡學到的是＿＿＿＿
- 我一直想要培養的一種技能或特質是＿＿＿＿
- 我仍表現得失控、任性或像個孩子一樣的地方是＿＿＿＿
- 我想要發展的技能是＿＿＿＿
- 我一直想要更積極追求的一種熱情是＿＿＿＿

根據你對上述陳述的回答，列出所有你希望父親當時能教給你的生活面向，或內心那個男孩要成為男人必須學會的事。從中選擇一項，並在接下來的三十天內專注於這項技能。它可能是有紀律的早晨習慣，聘請教練來進行每週兩、三次的健身，找教練來改善你的心態、射箭技術、木工、理財知識等等。這可能意味著下定決心去冒險、學習自我保護、提高理財素養，或是內心那個男孩必須放下控制的任何事情。

最後，寫封信給你的父親，並舉行一個儀式來放下他。你可以寫這封信，然後在男性團體中朗讀，最後將它燒掉；或是在深山野林中健行時讀這封信，然後將它埋起來。無論如何，這封信不是要交給你的父親，也不會寄給他，但它應該包含兩個重要的部分：

一、清楚地表達你對父親所做和未做之事所感到的怨恨、痛苦、憤怒或悲傷，同時明確地指出你究竟想要／需要的是什麼。

二、全然地寬恕並放下對父親的責難，不再認為你今天這個樣子都是他的錯。找回你自己的主權，並明確地表示你將負責把自己培養成你所希望成為的男人。聲明身為兒子的你，將來會多麼地愛他、尊敬他。

4

了解你的痛苦

「傷痛是重新發現我們的眞實本質的大門。」

——保羅・萊維（Paul Levy）

我大部分的成年生活都耗在試圖避免、否認、拒絕、麻痺或消除我所感受到的痛苦上。我不想去認識我的痛苦，因爲它似乎龐大到令我難以應對，無論它是來自童年的悲傷、感情的心碎、被拒絕、尷尬、無聊、孤單，還是那種想搞清楚人生到底該做什麼的現有壓力。我的整個身分都是建立在避免處理那些我不想面對的情緒和心理的問題上。

回顧過去，我可以誠實地說，作爲男孩或男人，我從未眞正被教導過在受傷時該如何做。我得到的大多數建議都像是「別再硬撐」或「喝酒吧、找人上床、別再想了、更努力工作，或打一下手槍你就會感覺好一些」之類的回答。因此，這些我都嘗試過了。我嘗試了我們男人在現代文化中互相授受的解決之道。我喝酒、抽菸、打炮、工作、賺錢、玩遊戲、完全麻痺自己；或者，至少我當時是這麼想的。隨著時間的推移，我需要更強的麻醉劑——更多的色情、更多的酒精、更多的社群媒體、更多的女人，以及更多的分心。我生活的大部分面向都是麻木的。

必須明確指出的是，痛苦本身並不是問題。我試圖如何處理它才是眞正的問題所在。隨著我後來了解到的，痛苦要不就是我們男人的導師和指引者，要不就是我們的主宰者。

也許你已經發現自己在逃避及麻痺痛苦和苦難。也許你經常麻痺自己，甚至每天都這樣。你不想感受分手帶來的悲傷或傷心，你想避開對於關係或工作情況的困惑，或者只是想遠離那些充斥在你的腦海和內在對話的負面想法、擔憂和疑慮，於是你打開電視、刷交友軟體、看色情片、吸大麻或黃湯下肚。

就這樣，痛苦被忽略了，苦難減輕了，任務完成。

但蹊蹺的是，你麻痺並不是因爲你的情感是空虛的，而是你的情感已經滿溢。你的身心已經達到壓力、憤怒、焦慮、無聊或孤單的極限，需要有逃脫的出口。

麻痺本身並不一定是壞事，它只是陰影現身的標誌。當你陷入麻痺的行爲中，很可能是因爲你正感受到一些你無法再逃避的東西——一種需要你關注的痛苦、悲傷、憤怒、挫折、失望或哀傷。

然而，當你忽略痛苦時，你同時也忽略了痛苦所帶來的智慧和智能。正如著名的美國治療師弗朗西斯·魏勒（Francis Weller）所說的：「你的痛苦有它自己的智能。」你可以選擇學會傾聽你的痛苦的智能，或是屈服於它的意願和渴望。舉例來說，自我破壞就是痛苦的智能在阻撓你有意設定的那些目標和方向。

那些被忽略的痛苦，最終會成爲男人衰退並陷入谷底的主因。想像一下，我那一百八十七公分的身軀擠在二〇〇五年款的龐蒂克G5 Coupe後座，而那輛車有著極醜的鋁合金輪圈、雙賽車條紋和一個過大又毫無實用性的尾翼。你會看到一個忽略自己痛苦的人，最終被痛苦的智能打敗。

化痛苦爲目標

不要試圖消除或避開你的痛苦，相反的，要學會理解它，並更有效地承擔它，如此一來，你便可以在人生中賦予痛苦一個目的。你邀請這條龍（亦即你的痛苦）在桌子旁坐下，而不是假裝它不存在或必須被消滅。

不幸的是，有些男人跟我一樣都被誤導，認爲發生改變的唯一方式（亦即擺脫壞習慣、謊言和自我破壞的唯一方式）就是觸底。彷彿讓一切都崩潰和消失既是我們應得的懲罰，也是我們尋求的救贖。在踏上通往目標的道路之前，這是我們必須面對的錯覺——我們必須從虛無主義的觀點中解脫出來，認識到痛苦並非毫無意義。

大多數人將面臨的挑戰是，說「去你的」比說「我受傷了」更容易。但這正是你必須做的，也就是明確地知道你在哪裡受傷，並至少能對自己承認這件事。

若你覺得人生欠缺目標或缺乏意義的基礎，並且不知道該從何處尋找，那麼你可以、也應該由你的痛苦開始。療癒你持續的憤怒、面對壓倒性的壓力和焦慮，或者面對你多年來一直試圖掩蓋的不安全感，那會是什麼樣貌呢？你可能帶著覺得自己不夠聰明的痛苦，而選擇學習一門新的語言來拓展自己的能力；或者，你可能深感不安，覺得自己無法配得上你正在交往或約會的女性。那麼，你的不安全感在嘗試教導你什麼智慧呢？你擔心自己在床上的表現不夠好嗎？也許你應該閱讀一些關於性技巧的書籍、去上課，或是報名參加工作坊來更加了解如何喚起自己的性欲和能量。事實上，大多數的事物，包括性愛技巧在內，都是你可以隨著時間獲得、深化、提升和拓展的技能，只要你願意下定決心。

此處的關鍵是，你的痛苦正在爲你指出方向——療癒的方向。那個方向幾乎永遠都是一條充滿意義的道路。它照亮了那些必須被寬恕、接納或培養的東西。它將要求你擴展你的能力、本事、身體的狀態和心理的力量。

痛苦指向你深深感到匱乏的地方，並爲你指出可以採取哪些行動來成長或療癒。

也許你的道路跟我的一樣——狂野、失控、對自己深感羞愧、缺乏紀律。我的痛苦幾乎是哀求著我去培養自力更生、寬恕那些在我童年時讓我感到背叛的人，並理所當然地擁有我知道自己能夠創造的那種生活、關係和男子氣概。

首先，問自己這些簡單的問題：「我的痛苦在試圖教導我什麼？它要我做什麼、培養什麼、學會什麼、寬恕什麼或成爲什麼？」也許你必須承認，你喝得有點多是在掩蓋你在婚姻或工作中的不快樂；也許你的痛苦要求你寬恕過去作出的決定，或下定決心培養更深的自力更生的感受。你的痛苦可能要求你進行極具挑戰性的對話來寬恕背叛你的人；或在多年的欺凌使你的自我形象支離破碎之後，讓自己重新變得完整；或者你的痛苦可能需要你邁出第一步，承認沒有父親在你的生活中出現，會比你自己所願意看到的更具破壞性和更令人痛苦。

無論它揭露的是什麼，你都要改變痛苦是無用、無意義或應該「滾開」之類的論述，這是偉大的第一步。接著，你要敞開心扉，接受你的痛苦有可能磨練你成爲更好的男人、可以擴展你內在的核心，這是第二步。

關於痛苦和苦難的眞相是，它通常是在請求你成爲那種知道如何應對苦難的男人。而一個知道自己能在困難中確定方向的男人，對他自己、家庭、社區和世界都有無比的價値。

苦難是不可避免的，而你轉化痛苦的能力也不會平白地自動出現。它必須是你贏得的。你必須戰勝恐懼以及隨之而來的抗拒。

與抗拒合作

這一切的關鍵就在於你面對和克服抗拒的能力。如果你曾試過要建立一個新習慣，你會完全明白我所講的。記得我曾試著要爲自己建立一個早晨的例行習慣：早上六點起床、做伸展操、寫作、練呼吸法。這是一個極大的挑戰，我面臨到巨大的抗拒。當每天早上的鬧鈴聲響起，我身體的每一個細胞都在說：「不行，我還不想起床！再按一下貪睡鈕吧。」我對痛苦要求我成爲有紀律、有結構、有能力的男人感到眞實又強烈的抗拒。

抗拒是我們在試圖療癒、產生改變或迎向力量時所面臨的主要挑戰。許多男人將他們的抗拒視爲「不該發生的事」，把它看成是不好的、不對的或是走錯方向的跡象。

但抗拒並不是壞事。抗拒只是一種策略或機制，旨在保護及維護你的安全。

這種機制的奇怪之處就在於，有時它會試圖「保護」你避免受到你明知道對你有益的事物的影響。例如去健身房、開始健康的日常習慣、或是追求你知道對你有益的關係之類的。

舉例來說，假設你在一個充滿爭執的家庭中長大，這些爭執有時是激烈且危險的。也許你父親的憤怒又大聲又混亂。正因如此，你對進行對峙性的對話感到抗拒，並且與自己的憤怒切斷連結，從而也切斷了自己的自信。你對憤怒和對峙產生了恐懼，無論是在自己、還是在伴侶身上。當爭論或分歧發生時，你的伴侶可能變得激動和激昂，這可能會讓你感受到父親的憤怒。你的內心想在那個時候進行溝通，但你所經歷的抗拒會告訴你：「這不應該發生」或「他們不應該那樣做」或「我到底怎麼了？爲什麼我不能爲自己發聲？」你關閉自己、切斷連結，並轉向你最喜歡的麻醉劑，諸如色情、社群媒體、電子遊戲、工作、酒精等等。此時，成長在一個充滿敵對環境中的經驗，已經轉化成一種與憤怒切斷連結、在伴侶生氣時不插一腳的行爲，以作爲「保護」所有涉及者的手段。而將這種痛苦轉化爲目標所需要的是，學會以健康的方式參與衝突——保持穩定、與呼吸連結、溝通界線、用心傾聽，以及在必要時展現果斷。

抗拒要麼成爲將你送回舊有的模式和行爲來避免痛苦的東西，要麼成爲通往面對自己的極限、採取新行動的門戶——將你與目標和意義連結在一起。

只要你允許抗拒成爲一種指引而非障礙，你的男性核心和自信就會增強及鞏固。事實上，你的男性核心渴望如此，並且強烈渴望迎接你的抗拒。想一想你目前的生活中有哪些地方感受到抗拒。也許你需要與伴侶或老闆進行一次你一直在迴避的對話。當你避免這種對話而屈服於抗拒時，你就會感到軟弱和不安全，羞愧也會開始蔓延。然而，當你有意識地選擇去面對並參與其中時，你就會感到生氣勃勃、勇氣倍增，從而走向那你通常會退縮的極限。透過保持參與，你建立了信心、適應力和信任。

你越是質疑自己的抗拒，並尋找與之合作或克服的機會，就越能面對你的自然極限。當你朝著抗拒邁進時，你的身體或情感的極限（亦即你在溝通、關係、親密、豐盛和性方面的極限）就會出現。它不是你可以忽視、打破或壓制的東西。

這是成爲自我帶領的男人不可或缺的關鍵要素：分辨你是否在不必要地保護自己免於抗拒而應該向前邁進，還是已經達到極限而需要休息。抗拒將你帶向極限，而你應對、運作和面對這個極限的能力創造了擴展。擴展是至關重要的，因爲它是目標的能量。你越願意在自己感受到的自然抗拒中進行克服和穿越，你就會越明白自己的極限在哪裡，也就越能產生擴展。

抽出時間與你的抗拒共處，並注意它引導你走向的自然擴展、極限和最高限度。從今天開始，根據以下的問題和練習來採取行動。

回答問題↓揭開真相

探索你與你對痛苦和悲傷的抗拒之間的關係。

- 我麻痺自己的方式是
- 我通常會麻痺自己的時候是
- 我的悲傷是
- 我感到不堪負荷的時候是
- 我避免悲傷的方式是
- 我隱藏自己的悲傷，不讓他人知曉的方式是
- 我避免自己的痛苦／悲傷所付出的代價是
- 我的伴侶因此付出的代價是
- 我的家人／朋友／孩子因此付出的代價是
- 當我處在情感的痛苦中，通常是因爲
- 在這些時刻，我最需要的是
- 如果我的痛苦／悲傷會說話，它會對我說的是

• 回答這些問題讓我感受到／揭示出＿＿＿＿

• 我在生活／關係／財務／性生活／健康中一直在避免的是＿＿＿＿

整合練習 6

列出你在過去幾天或幾週內對哪些事物感到抗拒。它可能是某些對話、活動，或是你想做但一直避而不做的事情（也許是一個你想培養但一直避開的新習慣或例行事項）。

如果你不確定自己對什麼感到抗拒，可以問自己：

• 有哪些問題我不想問？
• 有哪些對話我不想進行？
• 我一直在迴避哪些記憶、感受或經歷？

針對你感到抗拒的每件事物，問自己三個問題：

- 我的抗拒在試圖保護我免於什麼?
- 這種保護在我過去的經歷中感覺類似於什麼?
- 這是我可以藉由面對來擴展的極限嗎?如果是，我會採取什麼行動，並在何時完成?

男性沉默的社會共識

誰出賣了你?你又背叛了誰?每次聽到有多少男性曾遭受過身體、言語或性虐待，我總是感到震驚。有多少男性曾看過或目睹虐待、被迫陷入虐待的關係、或是在虐待成爲常態的環境中長大。更令人震驚的是，其中有多少男性從未對任何人說過這件事——從未有一個出口來處理這些經歷所帶來的痛苦、憤怒或哀傷。

當我帶領男士週末營、輔導個案或在討論會上與男性交談時，我總是被無數個男人的故事所淹沒，他們已經默默承受痛苦許多年、甚至數十年。例如有叔叔在他們小時候露營時占他們便宜，祖父或教練在身體上或情感上虐待他們，托兒所所長脅迫他們與另一個孩子發生性行爲，母親在他們不聽話時會賞他們巴掌、扯他們的頭髮，繼兄弟霸凌和折磨他們，或是父親無法控制地發酒瘋。

這些男人都爲這些背叛感到羞恥，並接受了這樣的共識：保守祕密比學會療癒的方法來得好。對於其他男性來說，他們的沉默與虐待無關。他們可能在成長的過程中目睹父母維持一段死氣沉沉的婚姻，家裡充斥著甩門的聲音和消極抵抗的評論，早年雙親之一死於癌症卻一直無法表達哀傷，或者被迫充當母親和父親之間的調解者和說明者——這一切都可被詮釋爲背叛。

最後，有些男性則是爲自己的背叛行爲所帶來的沉重壓力而掙扎不已。例如無數次的外遇、忽視妻子和孩子，或爲自己的施虐行爲所造成的傷害深感羞愧。

有些人害怕進入自己的哀傷和悲傷之中，因爲他們擔心自己會被吞噬或使自己變得脆弱。許多男性都接受了一種說法，認爲探索過去是毫無意義的，而解決痛苦的問題只會使你顯得懦弱。

然而，事實恰好相反。能面對過去並加以治療的男性可以改變自己的方向，從而不再背負著他們目睹或參與的深刻背叛的沉重壓力。

我記得曾輔導過一位前海豹部隊的成員，他正在想辦法解決自己目睹同袍陣亡所承受的哀傷。他接受過不錯的教育，並且非常尊敬他的父親。他來找我諮商是因爲他的憤怒和暴躁正在影響他的感情關係。他想維持這段感情，卻心知肚明自己正在主動摧毀它。在某次諮商中，我問他戰鬥中有人陣亡時是怎樣的情況？他們如何悼念同袍之死？

「我們會把陣亡同袍的照片掛在牆上作爲提醒，以使我們保持警惕。有時候我們會講陣亡同袍的一些事，但更多時候我們則是繼續向前進。」他說。

「沒有為他們舉行任何儀式嗎？什麼都沒做？」我問。

「沒有。但也許會默哀片刻，我們以軍事行動作為儀式。」他回答。

在我們探索他想要怎樣向陣亡的同袍表示哀悼、以及怎樣對同袍的生命和家屬表達敬意時，我引導他進行了各種練習，使他能重新與陣亡的同袍連結，並按照自己的方式向他們告別。他可以為他們失去的生命、以及他們離開後所留下的空缺說出自己的心聲——打開他身上多年來一直被封閉的哀傷之門。在進行了一次這樣的練習後，我問他的體驗是什麼，以及他從中學到了什麼。

他停下來說：「要說實話嗎？我寧願衝向機槍堡，也不想幹這種蠢事。哀傷？他媽的，真是爛透了！」

我們大笑了起來，但事實上，他已經總結了無數男性的經歷。當面對過去的虐待、離婚、失敗和失落所帶來的沉重壓力時，男性已經被制約為忽略和排斥，而不是吸收和代謝他們內心的苦痛。

在探索這名男子所承受的憤怒和悲傷時，他坦承他覺得自己背叛了與他一同站在戰場上的同袍。他無法保護他們，這本身就帶來了一定的壓力。而當同袍倒下時，他覺得自己再次背叛了他們，因為他沒有真正地尊重他們所付出的生命。退伍後，他有一種深刻又抑制不住的責任感，覺得此生必須幹一番大事，讓自己的人生真正過得有意義，彷彿那些陣亡同袍的生命完全落在他的肩膀上。這使他感到一種對自己的麻木不仁和憤怒，因為他覺得自己背叛了那些死去的同袍。他不知道該怎麼辦，卻將這種情緒發洩在周圍的人身上。

透過這個功課，他才終於了解到，原來他無意中藉由言語和情感的攻擊來逼迫伴侶離開。因爲他的陰影接受了這樣的故事，認爲自己現在背叛了那些最親近的人，因此最好是將所愛的人推開，而不是眼睜睜看著他們受傷。

這是許多男人的眞實情況。他們曾背叛過自己深愛的人，並帶著憤怒、怨恨以及擔心再次發生這種事的恐懼。這在他們的內心引發了一場心理情感風暴，因爲他們無法理解自己怎麼會或爲什麼會做出這樣的事。

然而，當男人對自己的背叛行爲所感受到的痛苦保持沉默時，他將以某種方式發洩出來。就像上述那位前海豹部隊的成員，他的痛苦和悲傷是透過他對自己心愛的女人的憤怒和情緒不穩定來表現一樣。事實上，任何對自己的痛苦保持沉默的男人最終都會付出代價，或者是將代價轉嫁給他周圍的人。

要以迫使自己走到極限的方式，懷著尊重之心認眞地打破自己的痛苦和背叛的沉默。要完全承認你的背叛的影響力，但別讓它們成爲你的身分的基礎。與那些會講出他們痛苦的眞相、願意進行有建設性的對話的男人在一起，討論他們如何學會更有效地承載痛苦——**與痛苦合作，而不是被痛苦左右**。與那些不僅能看到、聽到你的痛苦，還能在必要時挑戰你去表現哀傷的男人在一起，同時在你陷入自憐和懷恨所導致的情緒低谷時喚醒你。至於周遭那些明顯在受苦卻不願意面對它的男人和女人，你就別想去拯救他們了。

我們的目標不是要自曝其短，也不是要不斷地過度反省自己的過去，而是要堅定而具體地下定決心，將自己的痛苦從陰影的領域中、從生活中那些被隱藏和未說出口的角落，攤到意識的陽光之下，從而加以理解、承認及整合。

整合練習 7

製作一份清單，列出過去和現在你在生活中保持沉默的事情。你避免分享、坦白和向他人透露的是什麼？

現在，選擇一位你信任的人，然後分享其中一件你一直默而不宣的事情，並坦率地談論這件事對你造成的影響。

嘗試每週與某人分享一件新的事，甚至也可以連續一個月每天分享一件新的事。

成爲了解創傷的男人

要學會調整你的神經系統，否則你的人生將受到神經系統的調整，而這可能不是你想要的方式。

多年來，我跨足北美洲，主持現場活動、研討會和轉型工作坊。在活動或工作坊中，我會請在場的男士們舉手，看看他們是否曾交往過或是正在交往一位曾經歷過某種創傷的人。平均來說，大約有八成的男士會舉手。接著，我們會討論他們在感情關係中的經歷、創傷或負面事件對他們交往對象造成的影響，以及他們如何面對伴侶行爲的陰晴不定和難以理解之處。

他們分享了伴侶曾遭受的性虐待、肢體暴力、或惡語相向的前任伴侶的經歷。許多男士會談論到他們不知道如何幫助自己所愛的人，並且經常對伴侶遭遇之事感到憤憤不平。

在男性們描述了他們的伴侶經歷過的一些事件、以及其殘留的某些影響和行爲之後，我會請這些男士反思他們自己的生活。他們是否經歷過類似的事件？他們身爲男人是否在成長的過程中，經歷過對他們在工作、關係和社交情境中的行爲方式造成影響的負面事件？同樣的，我會請男士們舉手，看看他們是否在生活中經歷過某種形式的霸凌、遺棄或虐待（言語、肉體或性方面）。果然不出所料，現場舉手的人數也大致相同。

其中許多男士來參加工作坊是爲了尋求改變。他們想從自己的男性核心特質來帶領自己，追求目標和更好的關係，尋找「我爲什麼不能過好自己的人生？」這一問題的答案。其中有許多人感到無力和沮喪，他們想找出爲什麼自己長期以來一直在掙扎的原因。他們想成爲更好的男人，並且已經準備好做出努力，但他們很難說明爲什麼自己的人生看起來不如他們所期望的。

對於某些男性來說，答案是他們沒有付出努力。他們知道自己必須走哪條路，但還沒有找到動力來加速前進。對於其他人來說，他們有一大堆的困惑。有些極其成功的男性已經建立了自己的帝國，卻同時在主動地破壞他們多年來建立的一切。還有其他一些人則是一直都無法展開行動。

在一次又一次的工作坊、見過一個又一個男人後，我發現一個奇怪的現象。這些男人想搞清楚爲什麼他們的生活會一團糟，爲什麼他們會繼續在一次又一次的關係、一個又一個的事業中進行自我破壞，但他們從來沒有考慮過，童年所經歷的創傷可能會對自己目前的生活造成影響。

在加拿大多倫多的工作坊中，一位男士描述了他在婚姻中的痛苦。他五十多歲，和第二任妻子在一起已經幾年了，但在過去的兩年裡，他一直都是住在地下室，因爲他們夫妻似乎無法和睦相處。他與前妻有兩個孩子，一個已經上大學，另一個就讀高中，和他住在一起。當我詢問他的成長背景和父母的情況時，他回答說：「我的童年過得很正常，父母也都還好。」這是對檢視自己的童年不屑一顧的男人的標準答案。

「他們的婚姻是什麼樣的？」我問道。「作爲一對夫妻，他們遇到了哪些挑戰？」我追問，看他是否願意談談這個。

「我不知道，我想跟一般人一樣吧。我爸爸的工作很多，脾氣很壞。我媽媽是家庭主婦，不工作，只負責照顧孩子。他們大部分的時間相處得還不錯。」

「那麼，他們不和的時候呢？」我問。

「這個嘛，他們不和的時候，情況就不太妙了。就像我說的，我老爸的脾氣很壞，所以當他們不和的時候，他會是個王八蛋。」他說著笑了起來，似乎他的父親變成王八蛋很有趣，但他顯然是因爲坦承這一事實而感到不自在。

「好吧，」我說：「你何不告訴現場的所有男士，你的父親是哪一種王八蛋呢？」

事實上，每個男人的一生都會有某些時刻得被迫去面對自己過去的惡魔。在這些時刻，男人必須決定是否要進入他早年時下定決心永遠不再談論、面對或再去想的黑暗巢穴。在這些時刻，男人被迫去面對他曾祈求放下或遺忘的一切。而現場的男士們都能感受到，這就是其中的一刻。他會隱藏過去的眞相，還是能堅定地面對它呢？

「眞的嗎？我非說不可嗎？」他問，試圖淡化他明顯感受到的不舒服。

「只有當你想說的時候。但如果這是你最不想做的事，那就肯定要做！」我回答。

男人停了下來，思考著他是否要深入這棘手的問題。

片刻之後，他說：「他是……嗯，他是那種會對我媽大吼大叫的王八蛋。當他認爲她做錯了什麼事，就會對她大聲斥責。他的嗓門會越來越大，並將她逼到角落或廚房的工作檯上。他總是用他那該死的手指頭指著她，戳在她的臉上和胸前來威脅她，但從未眞正出手打她。」他的臉現在因憤怒和尷尬而泛紅了起來。

「那你呢？」我問道：「他對你又是怎樣的王八蛋？」

「對我？我不想談這個。這不重要。」他瞪著我說，彷彿是在告訴我，你要是敢再問下去就走著瞧。

「好的，就像我說的，只有你想談的時候再說。可是我很好奇爲什麼這不重要呢？」

他停了下來。

最後，他說：「因爲我不想讓他占用我人生的時間。他已經去世了，而我得繼續過日子。他的行爲是他自己要去面對的，不是我。」

這就是許多人堅持的信念：只要否認施虐者的行爲對我產生的影響，它們就不再對我有任何的影響力。

最後，這名男子決定勇敢地面對痛苦的過去，開始談論他父親的行爲。有一百五十位男士聽著他的故事，而他坐在現場中央忍住自己的情緒。原來父親在他小時候就對他進行身體上的虐待。當他踰矩時，父親會把他鎖在外面，讓他在沒有穿外套或戴手套的情況下，在外面度過寒冷的加拿大冬天；當他過於好動時，父親會用膠帶將他綁在椅子上，並對他的成績、運動表現或父親認爲不達標準的任何事情進行口頭上的羞辱。

在某個時候，這個受虐的男孩決定，唯一處理父親對他施加的創傷和痛苦的方法，就是假裝這對他沒有任何的影響。他變得堅硬、封閉，對人們的失望和沮喪無動於衷，並且避開了任何情感上的親近。這已經影響到他的婚姻，他變得冷漠又疏遠。儘管他極其渴望與妻子親近，但他將妻子的言語和行爲解讀爲攻擊和侮辱，而他應對問題的方式就是將自己隔絕起來。

然而，問題就在於他已經說服自己去相信他的童年與他失敗的婚姻是毫無關係的。他認爲自己的童年與他不願意聆聽妻子的懇求同情無關，與他完全漠視她的感受（或他自己的感受）無關，也與他年已半百卻幾乎跟任何過於接近他的人隔絕無關。

他用無數男子所採取的方式來應對自己的創傷——假裝它從未發生過，或是它不可能產生任何的影響。

在他的故事及其他幾個經歷過極大困難的男子的故事之後，我們定義了創傷：一種極令人痛苦或困擾的經歷，並探討了創傷如何干擾身體自然調整它自己、以及確定某個環境或情況是否絕對安全的能力。

創傷的三種類型

了解創傷的三種類型是有幫助的：急性、慢性和複雜性。

「急性創傷」指的是生活中發生的單一、極具傷害性的事件，它有明確的開始、中間和結束。急性創傷可能以多種方式影響著人們：有些人可能會立即出現需要專業支持和干預的症狀，有些人可能沒有太多創傷的反應，而有些人則可能在事件發生數週或數個月後出現症狀。急性創傷的例子可能包括車禍、性侵或強姦、肢體衝突、嚴重受傷、自然災害、目睹暴力事件。

「慢性創傷」是由於目睹或是參與某個重複或長期令人困擾的事件而產生的。它可能是重複發生的性虐待、霸凌、家庭暴力、嚴重的健康問題，或是遭遇極端的狀況，例如戰爭。慢性創傷的症狀通常經過很長的時間才會出現，有時甚至是在事件發生的多年之後，其中可能包括極度的憤怒、閃現不愉快的回憶、身體疼痛、頭痛、情緒爆發、焦慮和嚴重的疲勞。這些症狀通常伴隨著信任的問題，因而使個人更難維持健康的人際關係或甚至影響就業。

「複雜性創傷」是由於暴露在不同的、多樣的創傷性事件或經歷而產生的。它可能發生在那些經歷過兒童虐待、忽視、家庭暴力和其他重複的情況的人身上，對個人的整體健康和表現造成影響。

用通俗的話來說：**創傷會造成孤立和絕望，並且通常會伴隨著一種認爲無法從我們所經歷的創傷中康復的信念**。

創傷的事實是，它可以改變你的神經系統對於安全的感知。換句話說，即使你不認爲自己害怕、不安全或受到攻擊，你的身體仍可能出現恐懼或恐慌的反應，就好像你眞的處於不安全的環境或受到攻擊一樣。這是因爲你的神經系統不斷地從外部和內部環境中接收感知的訊息，並用它們來判斷你目前所處的安全程度和風險程度。

史蒂芬·波吉斯博士（Dr. Stephen Porges）是精神病學教授，也是《多重迷走神經理論》（*The Polyvagal Theory*）一書的作者，他提出了所謂「神經感知」（neuroception）的概念，這一概念描述了你的大腦和其中的神經迴路如何判斷某個情況是危險、安全、還是可能危及生命的。

根據波吉斯博士的說法：「即使在認知的層面上，你可能對危險毫無察覺，但在神經生理的層面，你的身體已經啓動了一系列可能導致戰鬥─逃跑─凍結（僵住）反應的神經傳導過程。」我們經歷創傷時，它可能會擾亂我們的神經感知，以及我們正確地判斷對話、咖啡廳或社交聚會之類的簡單情境是否安全或危險的能力。我們可能開始脫離了與親人發生小衝突的前因後果，而身體也會對這些情況作出彷彿我們處於生死關頭般的回應。創傷可能導致我們對神經感知系統所接收到的訊息進行錯誤的詮釋。用簡單的話來說，它扭曲了你從外部和內部接收到的訊息，並改變了你確定自己是否安全、穩定和穩固的能力。

懂得創傷的人，是那種了解過去的經歷會對當前的決定和反應（不論是在他自身之內，還是在周圍的人之間）產生影響及後果的人。因此不要假裝過去與現在無關；要承認它們可能有千絲萬縷的關係，並將目標放在跟你一直在迴避的過去之事和解。

無論你是否經歷過創傷，你能爲自己做的最好的事，就是學會調整你的神經系統。要做到這一點，你就必須對進入戰鬥─逃跑─凍結反應的時機和過程有基本的了解，並且要有能力優先選擇某些方法來恢復系統內的平衡。

要知道，在某段時期，你的身體和大腦可能會走向不同的方向。如果你還沒有努力培養出調整身心的技能，那麼你可能想的是一回事，做的卻是反其道而行。你可能在認知上知道自己目前的關係狀態挺不錯，但你的身體卻不斷地將你拉開，試圖保護你免於那看不見和隱藏的威脅。因此你要願意與自己信任的治療師或導師進行對話，畢竟他們知道如何穿越創傷，並且能提供實用的工具和方法來調整你的神經系統和思維。讓自己致力於學習調整身體的方法，並貫徹那些平衡神經系統的日常練習。

最後，找一位輔導者。這不是因爲你已經破碎不堪、損毀或有缺陷。我向你保證絕非如此。然而，你的身體、心靈和內心確實有某些部分承受著如此深刻的痛苦或悲傷，以至於你可能覺得自己已經難以復元。這我能理解，因爲我也是過來人。當時我必須了解到我並不是破碎的人，而只是一個曾經受傷卻從未獲得修復的人。找一位輔導者，這樣你便可以學會使用那些實用的工具，來應對創傷對你的心智、身體、想法、決策和溝通方式可能造成的獨特和具體的影響。尋找輔導者時務必要認眞用心，一定要找能幫助你獲得成果的人。在商業和治療的領域也是如此：結果至關重要。

用我認識的最優秀的完形心理治療師杜伊．弗里曼（Duey Freeman）的話來說：「我們的身體會有意識或無意識地表達創傷。」這眞的沒有選擇的餘地。無論我們是否想要這麼做，我們都會表達它。而懂得創傷的人會選擇深入內部和外部來解決自己的創傷，從而不再讓創傷左右他的人生。

- **進行調整**。無論你是否經歷過創傷，學會調整你的神經系統絕對是一項重要的技能。這將使你能更好地應對壓力，並在繼續對話或互動之前，知道你已達到極限而必須重新調整自己。這項練習的目的是要培養適應能力和一種「反脆弱」(anti-fragile) 的特質，從而使你能更好地帶領自己和身邊的人。
- **步驟一：了解警示信號**。當你重複地或長時間處在壓力之下，你可能會出現「神經系統失調」。這個專有名詞指的是，神經系統在壓力過後無法自行恢復到正常的調節狀態。

  失調的跡象包括生理反應的增強，例如肌肉緊張、慢性疲勞、筋疲力竭、下顎緊張、失眠、偏頭痛，以及對大聲的聲音或強烈的光線過於敏感等。

  神經系統失調時，你可能會更容易感到強烈的羞愧、恐懼、恐慌、情緒波動、不知所措、焦慮、攻擊性和困惑。此外，常見的還有感到麻木、昏沉、疏離、想要完全孤立自己或需要過多的關懷。
- **步驟二：恢復平衡**。利用呼吸重新回到當下。坐在地板上或雙腳踏實地站在地面（草地、水中、沙地或地板上），然後進行 4-4-4 呼吸：吸氣，從一數到四；閉氣，從一數到四；吐氣，從一數到四；閉氣，從一數到四。

另一種可以在神經系統中重新穩固及恢復平衡的呼吸練習是，讓吐氣的時間超過吸氣的時間，方法如下：吸氣（用鼻子吸氣），從一數到四；閉氣，從一數到二；吐氣，從一數到六（用嘴巴徐徐地吐氣）；閉氣，從一數到二。

- **步驟三：每日練習**。選擇一種積極的練習，例如呼吸法、靜心或沖冷水澡，並在進行這些活動時與你的神經系統的反應連結。

羞愧是自我破壞的柴火

尙恩正在描述我們進行諮商的前幾天，他和妻子發生的一場爭吵。他忘記爲兒子報名參加班上的戶外教學活動，而他的妻子在截止日期的前幾天提醒他，問他爲什麼沒有去處理這件事。尙恩立刻對妻子大發雷霆，並防衛起自己而回嘴說，他之所以忘記是因爲他必須接替她做家務。尙恩知道自己的火氣有點過頭了，但他搞不清楚自己爲何會變得如此具有攻擊性。妻子不想跟他爭吵，這卻更激怒了他。他繼續拉高緊張的氣氛，告訴妻子「不准」挑起爭端後就拍屁股走人。他開始嘲笑妻子最近的行爲，並細數自己對她各種小小的不滿。尙恩可以感覺到自己的身體變得更熱了，同時覺得自己就像是搭乘身心這輛交通工具的乘客一樣，觀察著自己的喜怒無常。他知道自己錯了，也知道是自己失控，但卻無法制止自己。

尙恩無法看到的是，他其實不是生妻子的氣，他是對自己感到羞恥。

尙恩小時候經常受到批評和貶低。在成長的過程中，他覺得自己做什麼事都不對，於是就對自己變得過於吹毛求疵。因此當妻子指出他漏掉某件事而問他原因時，他就覺得丟臉。倒不是因爲他犯了什麼錯誤，而是在某種程度上，他覺得自己就是個錯誤。

尙恩幾乎沒有意識到他正在避開自己的羞愧，並迅速地進入防禦性的憤怒中，接著是充滿敵意的攻擊。這是他無意識地爲保護自己而發展出來的策略，以免再次受到他成長過程中曾遭受過的批評。

當我問尙恩他何時會感到羞愧、以及是什麼觸發了他的羞愧時，他無法回答。當我問他羞愧對他來說是什麼感覺時，他茫然地看著我回答說：「我眞的不知道。我知道自己生氣、快樂和悲傷時的感覺……但我眞的不知道羞愧是什麼感覺。」

這是我們許多人的眞實情況。當我們感到羞愧時，我們的本能反應是盡快遠離它。我們許多人就這樣陷入黑暗中，完全不曉得自己的行動和回應何時受到羞愧的影響。對許多男人來說，這是事實，因爲我們將自己的身分與我們做的事等同起來，因此當我們做錯事時，我們會相信錯的不是我們的行動，而是我們自己。如同約翰・布雷蕭在《療癒那綑綁我們的羞愧》中說的：「內疚說我做了錯事；羞愧說我有問題。內疚說我犯了錯誤；羞愧說我就是個錯誤。內疚說我做的不好；羞愧說我就是不好。」

羞愧就像情緒的酒精，使你對其存在變得無感，並抑制了你的眞實感受。它可以充當情緒的抑制劑，使你無法看到羞愧背後的情緒。如果長時間忽視羞愧而讓它加劇和累積，最終我們將會被它吞噬。

然而，並非所有的羞愧都是不好的。有些羞愧是爲了引起悔意，幫助我們糾正自己的行爲。羞愧和內疚就像人生的保險桿，以確保我們過著品德高尚的生活。我們的目標不是根除羞愧，而是對它要有深刻的覺察，如此一來，你便知道它何時在暗中操控著你的行動。

簡言之，羞愧的應對之道就是承認它的存在。不要隱藏你所感受到的羞愧，但也別讓它成長到吞噬你的程度。你可能做錯某些事，但「你」並不是錯的。要認識並面對羞愧在你內心造成的扭曲。

以下是羞愧造成心理扭曲的幾個例子。

- **過度在意追求正確**。你不能犯錯，否則……。因此，你經常必須重新確認自己的觀點來證明你是對的。
- **「非此即彼」的思維**。大多數事物都被兩極化，很少有中間地帶，包括你也不例外。你要麼是好的，要麼是壞的；要麼非常成功，要麼完全失敗。沒有錯誤的空間，凡事都黑白分明。

細微的差別被澈底摧毀。

- **災難性思維**。小錯誤就是世界末日。妻子想跟你談談，你就認爲她想要離婚。你的腦海一直充滿了那些「假設」。
- **認爲事情與自己有關**。大多數的事情都被個人化。你不斷地將自己與他人相比，因爲你不想進行自我參照（self-reference）。伴侶不開心時，你會認爲這一定是你的錯或是你要解決的問題。
- **本來應該、如果當初、本來可以**。你不斷地反思自己本來應該做什麼、本來可以做得更好，或者如果當初怎樣的話會做什麼。

將你自己與你的行爲區分開來。你做了錯事，並不代表你就是錯的。要客觀地看待你的行動，並承認自己可能犯下的錯誤。舉例來說，你向伴侶謊報了工作晚歸的原因，並對自己沒說實話感到羞愧。那麼你可以從錯誤中學習，並藉由承認及說出類似以下的話語，來尊重你對自己的行爲感到羞愧的事實：「昨晚我向伴侶謊報了工作晚歸的原因」，而非「我是撒謊的大爛人，總是搞砸一切」。前者讓你承認自己的錯誤、發現你感到羞愧的原因，並爲道歉這件事創造空間；而後者只留下少許或斷絕了寬恕的機會，因爲你已完全陷入受害者的角色中。這可能需要你勇於說出自己的羞愧，但這對許多人來說簡直難如登天。

當你將自己的行為與你的男人身分區分開來時，你會看清自己當初為何會犯錯的真相。你會明白，你對伴侶說謊並不是因為你是世上的大爛人，而是在某種程度上你正在自我破壞。或許最近一切都進展得很順利，而你對關係的穩定感到不習慣，所以你故意從中搗亂；或許你連續三天埋首於某個專案而忘記了時間，你又不希望伴侶對你感到失望或生氣，於是你就編了個謊言來避免「惹麻煩」。無論是什麼理由，理解並接納自己為何這麼做的原因，能讓你從中汲取教訓，下次也就可以做得更好了。

最後，請懷著同理心來執行這一切。你可能追求完美，但完美幾乎總是與懲罰關聯在一起。迷戀於追求完美的男人，往往是在找理由來懲罰自己。放下懲罰，並去擁抱那使男人成長進步的同理心吧。

整合練習 9

重新設定那些羞愧的思維模式至關重要。

一、想一想通常會讓你感到羞愧的事。例如體重過重、性生活表現不佳、身為父親或丈夫的失敗等等。

二、面對並打斷。想法是可以被打斷和面對的，就像酒吧裡那些討厭的傢伙一樣。當負面的想法出現時，在心中默念或大聲說「夠了！」來打斷它。要友善但有力地說出這句話。你並不是在威脅或攻擊，而只是在設定堅定且清晰的界線。重複說「夠了！」這句話幾次。

三、替換想法。用不同的方式表達這個想法，或是將它替換為你希望的想法，例如：「你正在努力」、「失敗沒關係，不完美也沒關係」或「這很煩人，但終究會解決的」。你必須根據這些羞愧的想法來發現不同的表達方式。找出適合你的用詞，讓這些想法變成正向的，並記得先去面對這些羞愧的想法。

陰影中的黃金

沒有面對，就沒有成長、黃金和改變：面對你的恐懼，面對你尚未寬恕自己或他人的背叛的事實，面對內心那長期被忽視而加劇的悲傷，以及面對你試圖極力迴避的決定、行動和對話。

多年來我發現：沒有面對，就等於沒有實現潛力。

面對是潛力的門檻。為了通過那探索我們的能力、恐懼和侷限性的未知領域的大門，我們必須願意付出代價。我們必須在心智、情感和靈魂上完全了解到，面對是一項必要的任務。事實上，它本身可能就是那個任務。我們必須面對自己的自卑感，因爲這些是我們認爲在等級或質量上較低的面向。它們是我們的身體、心智和個性中那些我們總是試圖隱藏或補償的部分，但同時也是心理上的金礦所在。

然而，修正和處理你的自卑感並不是一件小事。想一想是什麼使你感到卑微、軟弱和不如他人？你身分中的哪些方面令你討厭不已？你爲了擺脫這種感覺或信念做了什麼？也許你發現自己在工作上會避開某些人，或是對自己的伴侶感到失望和怨恨，這一切都是因爲你不願意投入一場你知道自己必須進行、但卻害怕可能發生正面對決的對話。

面對自己的意興闌珊或自我批評的特質，可能是你必須投入的第一場戰鬥，以釋放那潛藏在你陰影中的自立能力。也許你必須面對被拒絕和尷尬的恐懼，或是你數十年來對於性欲的不滿足和未處理的羞愧感。

事實上，我曾輔導過無數的男人，他們花了許多年、甚至數十年的時間「待在櫃子裡」，隱藏著他們的性取向和性欲的眞相。面對自己是同性戀或雙性戀的事實、必須告訴家人或向妻子透露自己多年來早已知道的事，似乎是一項令人不堪負荷又不可能完成的任務。然而爲了步入更完整、更全面的男人版本，無論面對什麼，這項任務都是可以做得到並且是必須完成的。

潛力，不論你認爲它存在於哪裡，都需要你與恐懼這頭野獸正面對決。首先，要確定你究竟在害怕什麼、爲什麼害怕，然後有意識地選擇去面對這個恐懼。如果沒有這一步，你將迷失在困惑的迷霧中，不確定從何處著手、該採取什麼行動，甚至爲什麼要追求這種成長進步。

當你勇敢地面對恐懼、直面自己的不安全感時，你就向自己證明了你能做到自己過去認爲不可能的事——將潛力變成實力。因此，你要以自己過去認爲不可能的方式來思考、行動、表現、回應或帶領。

首先，審視一下你感受到的自卑和最害怕的事物。列出你認爲最差勁的特質、行爲和特徵。你是否認爲自己的智力不如別人？你是否認爲自己缺乏主見或直率的能力？

若你對此無法確定，可以問一下你生活中最信任的人。請親近的男性友人盡可能坦率地提出他的看法，談一談你必須面對自己的個性和生活中的哪一方面。問他們：「你認爲我必須面對什麼樣的恐懼／眞相／決定或不安全感？」或者：「你覺得我一直在逃避哪些我必須面對的事？」

如果你是缺乏主見並害怕被拒絕的人，請用一週或一個月的時間進行拒絕療法（rejection therapy）：每天向你的團隊成員、配偶、朋友、家人和社區提出各種請求。透過這種方式，你可以面對被拒絕的恐懼，並在你最不希望面對的情況下培養耐受性和適應力。如果你一直在迴避身體的力量，認爲自己的身體不如別人，那麼你可以下定決心連續三十天做波比跳或深蹲跳，強迫自己去挑戰這種認爲自己虛弱不堪的想法。也許你一直害怕面對的是去原諒父親在你小時候的所作所爲，或是寬恕你自己或伴侶的婚外情。

最後，留意當你考慮面對這些事情時，自己變得有多麼抗拒。對於下定決心面對，你會立刻想要退縮或乾脆忘記算了。另一方面，有些男人會對這種面對感到興奮，認爲它將涉及力量的展現或攻擊，但最後他們只會發現，這種面對完全是關於學習臣服、變得更有同情心、或接受他人造成這些事情的發生。

有時候，我們會把放手看成是一種軟弱、是自己不如別人之處，因此放手正是我們必須面對的。如果你愛上一個成癮者，那麼放手便是你不得不面對的最困難、但也是必要的事情之一。

無論這種面對是透過生活的情境或你的選擇而出現，千萬別浪費它，因爲此時正是你展現更有能力、更有活力、更完整實現自己的機會。

別忘了，完整是因爲面對，而不是迴避。

整合練習 10

一、製作一份清單，列出你認為自己有所不足的面向、特質或信念。你是否缺乏自信？你果斷嗎？你是否願意隨遇而安？你覺得自己的身體或體力比較差嗎？

- 我一直不願意面對的恐懼是＿＿＿＿
- 如果要說實話，我覺得自卑的時候是＿＿＿＿
- 我感到不安全的是＿＿＿＿

- 面對這種不安全感，我知道自己可以做的是________
- 我將採取的行動是________

二、問一位親近的朋友或家人：「你認為我必須面對哪些恐懼或不安全感？」

三、寫一份面對的宣言（句數要精簡），每天早上大聲地唸出來：「今天，我下定決心要面對________。」

從藥物治療轉向靜心

我們是在藥物治療下成長的一代人，也採納了藥物治療的生活方式。如果你和某些人一樣，那麼你可能會透過喝酒來交際、吸大麻來放鬆、吃糖來感到滿足、看色情內容來釋放那些被壓抑的性挫折或壓力，甚至使用多種藥物來調整身心。電視劇和電影的無數選擇占據著你的日常生活，社群媒體也迅速地劫持了你的早晨和夜晚。你靜靜地坐在你認爲很重要的人旁邊，卻經常覺得彼此之間似乎隔著最遙遠的距離；與此同時，你卻在瀏覽別人的生活動態，並誤以爲自己與他們有所連結。隨著無聊、單調的例行公事和小小的挫折不斷地累積，我們必須採取某些措施來減輕那些我們再熟悉不過的絕望、憤怒和孤單，而這些感覺是我們過度沉迷於他人的網路評論所產生的。

這些應對機制是用來麻痺大多數人被灌輸的那種平庸、過於馴化的生活方式。如果不加以處理，這些應對機制將變得必不可少，以暫時逃離生活在這種家庭監獄的圍欄內所造成的悲慘狀況。這些工具是用來調整那超過負荷、過度運作、充滿壓力、參與度低和休息不足的神經系統——它往往比正常運作的系統更爲緊張。

事實上，過度依賴應對機制的男人是被削弱的人。他更容易被控制，並且更不可能對他的生活和他所處社會的不滿發表意見。簡單說，在藥物治療下成長的人不太可能對現代的社會規範造成威脅，不太可能爲社會的不公發聲，不太可能反抗暴政，也不太可能有效地帶領自己的家庭。

你可能在人生的某個時刻感受到這一點，甚至最近也可能如此。當你感到精力不足、輕度憂鬱、焦慮、憤怒或無聊時，就會自動地轉向某種方法來緩解你的問題。你因工作的情況、購物時收銀台前的笨蛋或關係中面臨的困難而感到不堪負荷，於是你立刻拿了一罐啤酒、點了一支大麻菸或打開你目前關注的電視節目。

舉例來說，當你和伴侶爭吵時，你會轉向什麼？你首先想做什麼？你是否會立刻拿起手機，在社群媒體上無止境的滑動，迷失在Instagram或Snapchat上那些誘人的陷阱中，幻想著如果你是發布比基尼美女圖附上激勵性格言的那個人，人生將會變得多麼輕鬆或美好？你會走進廚房開一罐啤酒嗎？你會打開電視，然後對痛苦置之不理嗎？如今那些像藥物般的應對機制（metaphorical pills）

比問題還要多。

然而，藥物並不是問題。眞正的問題是，大多數的男人已經忘記了如何過一種靜心的生活——一種充滿了與生俱來的親密、連結、大自然、冒險、創造有意義的事物的療癒和滋養的生活，以及那些對重新活化我們的系統至關重要的具生產力的習慣和儀式。相反的，我們把調整身心和神經系統的能力外包出去，並沉浸於某種文化，在這種文化中，個人和企業可以迅速地利用我們對任何討厭之事的行屍走肉般的反應來謀利。

事實上，我們男人在這個願意資助並從各種應對機制中獲利的社會的控制下，變得無能、無效和嚴重馴化。

最終，處理你的問題及調整你的內在系統有兩種方法：無意識地透過應對機制，或是有意識地運用具生產力的習慣。

你面臨的任務是，學習如何將你的應對機制澈底改變爲更有強化力和持續性的儀式。比方說，你有深夜進食或在睡前觀看色情內容來消除一天的繁重乏味的習慣，那麼這個應對機制將隨著時間的推移和實際的持續努力，可以被靜心練習、呼吸法、冷水澡、紅外線三溫暖、太極拳等儀式所取代，而這些儀式將更有利於調整你的身心。最終，你將自己創造內在的平靜，而不是依靠那些外部的工具。

此處的目標並不是立刻就改變所有的習慣。

首先，選一個你覺得可以克服的應對機制，並將那些更根深柢固的應對機制，留到你建立一些推動力和適應性的時候再來處理。例如，我以前總是一覺醒來就立刻查看郵件，這幾乎使我把一天的前三十至四十五分鐘都花在社群媒體上。由於早上醒來我就會想著工作上必須處理的事，因此這是我早晨經常感受到的焦慮的一種應對機制。我下定決心至少要連續一個月，在早上起床後做半小時的呼吸練習和瑜伽。坦白說，前幾週眞是令人氣餒。我很難坐下來呼吸，因爲我的大腦和身體強烈地抗拒改變，它們渴望上社群媒體或檢查郵件，向這些制約我們的平台乞求著那些緩慢滴下的多巴胺。

幸運的是，隨著時間過去，情況會變得容易許多。我發現自己一早醒來會渴望那寧靜、平安、有儀式感的晨間呼吸。我感到更放鬆、更能掌握、更有精力去應對我的任務清單，甚至發現自己只需要更少的咖啡就能做到這一點。這些年來，我完全戒除了酒精、結束了對色情的沉迷、停止抽大麻，並明顯減少了花在電視和社群媒體上的時間。我選擇了更有益的習慣來代替它們，例如拳擊、瑜伽、呼吸法、靜心、太極拳、彈奏樂器和其他各種儀式來幫助我維持身心的健康。我的家庭、事業、婚姻和子女也因這些改變而蒙受其益。這絕非表示我成爲完美的人，但它確實使我成爲更成功和更有價値的人，同時也帶來了我之前所欠缺的高度成就感和喜悅。

整合練習11

有意識地刻意將使用藥物的習慣，轉變為更具靜心特性的儀式。

本週，選一個使用藥物的習慣，並將它替換為更有擴展性或更具生產力的儀式。將手機關機一整天、刪除社群媒體一星期、下定決心一週不看色情內容或不飲酒，然後用某個能重新連結你的身體、使命和目標的事物來替換它，諸如寫日記、靜心、呼吸法、瑜伽、健身或其他能恢復活力的活動。

若能邀請另一個男人來參與這個練習並建立某種監督機制，會有加分的效果。

【第二部】

愛

在性、女人
和親密方面帶領

5

母親的陰影

「母親是我們最眞摯的朋友。當突如其來的重大考驗降臨，當逆境取代了順境，當朋友離棄了我們，當問題圍困我們時，她依然會堅守在我們身旁，並藉由她慈愛的教誡和忠告來驅散黑暗的陰霾，使平安回歸我們的心靈。」

——華盛頓．歐文（Washington Irving）

萊爾坐在活動現場中央的地板上，四周圍繞著三十名參加我在加拿大卑詩省舉辦的男士週末營的男性。他即將在一年內結婚，但他曾多次付錢給妓女和視訊女郎，並且被未婚妻發現。萊爾參加男士週末營是想搞明白爲什麼他總是回到這些女人那裡。

在輔導萊爾的過程中，我看到許多男士都與他的故事中的某些部分產生共鳴。他過去曾追求那些他認爲「高不可攀」的女人，並變得亟需關注、奉她們爲女神，或者與那些他半感興趣的女人交往。認識未婚妻後，他下定決心不再花錢在虛擬性愛上，但他發現這個習慣比預期的更難戒掉。他對自己非常嚴苛，卻不清楚自己到底想要什麼。他在事業上相對是成功的，但仍感到深切的痛苦。

分享到某個段落時，他說：「我的生活看起來相當不錯，但我仍然不快樂。」一些男士紛紛點頭表示認同，彷彿在說：「我也是。」

我請他描述他僱用那些女人的情況。

「嗯，大多數時候我會拿一些藥物、訂旅館的房間，然後就只是和她們待在一起。我們聊天，偶爾會有性行爲，但大多數時候我只是和她們聊聊彼此的生活，放鬆一下。這種感覺很好。雖然說出來有點尷尬，但有時候我只是想把頭靠在她們的膝蓋上，或者在聊天時讓她們抱著我，這樣的感覺令人很安心。」

萊爾生長在一個母親非常嚴格的環境中，她對他要求甚高。小時候，她會在清晨五點半叫他起床練小提琴（他甚至並不喜歡）、學習第二語言（法語），接著準備自己的午餐，然後才去上學。這始於他六、七歲的時候，也就是他的父母（養父母）離婚的幾年後。當時還是個男孩的萊爾有了情緒或是需要關注時，他的母親（她還是有某種程度的愛心）會告訴他，不要去感受自己的情緒。「不要難過」、「不應該生氣」是他經常聽到的話。

萊爾對他的養母產生了深深的憤怒和不信任。我在團體面前輔導他時，他說：「她的情緒很不穩定。她總是害怕、焦慮、擔心又緊張。她有許多的悲傷，感覺好像我必須一直照顧著她。」

隨著我們深入探索他的童年，萊爾透露他出生那一天就被生母送養了。

「你對於自己的出生知道些什麼？」我問道。

「顯然，我被送養了，但當時還沒有人可以收養我。據我所知，我在醫院裡待了一個多月，他們在找人收養我。接著，我又在兒童服務機構被照顧了幾個月，直到找到收養的人。」

「所以，你出生後的最初幾個月很孤單，對吧？」我說。

「嗯，是的。但我以前沒這麼想過。」他回答。

當我們繼續探索時，我帶領萊爾進行一個練習，讓他想像自己作爲成年的男子回到他出生的醫院，看著身爲嬰孩的他被包裹在毛毯中，然後我要求他與那個新生兒連結。

「你看到了什麼？」我問道。

「他很孤單，」萊爾回答說：「完全只有一個人。這太狠了。怎麼有人能對一個孩子做這種事？就這樣把他獨自丟在那裡。」此時他的淚水從臉上滾落。

「你會對那個男嬰說什麼？」我問道：「如果你站在現場，而他是你的兒子，你會怎麼做？」

「我會抱著他。」萊爾回答說：「他只需要被擁抱。他不應該孤單一人。我會抱著他，並且告訴他，他是有人愛的，他並不孤單。」萊爾崩潰了，身邊的男士們一動也不動，對他一直以來所承受的痛苦表示尊重。

這是一個不僅在情感上被養母拒絕，同時還被生母遺棄的男人。因此，他深受背叛之傷，並對女性懷有不安全感。

他對女性有著無意識的不信任感。他渴望著她們、追求她們的愛，同時又相信自己會遭到背叛或拋棄。於是，他用金錢來買親近感，因爲這比感情關係中所建立的親近感更安全。

如同許多男人一樣，萊爾從未體驗過與女性建立信任和尊重所必要的深厚關係。那些他從未得到的女性或母親的特質（例如同情、滋養、理解和慈愛）、以及深深的恐懼和悲傷，全都在他的陰影中。因此，萊爾從未在自己的心靈中發展這些面向，它們對他隱藏了起來，並影響了他與女性互動時的行為和舉動。他內在對自己非常嚴苛。每當事情搞砸時，他就會不斷地羞辱自己；當事情不完美時，他就會不斷地挑剔自己。他害怕向未婚妻提出自己的需求，並對她和這段關係累積了怨恨，因為他有某些東西並沒有獲得滿足，而這些東西是他沒有直接表達出來或不知道如何達成的。當他與未婚妻產生疏離或發生衝突時，也就是在這時候（當他對她感到焦慮和憤怒，將自己的孤單歸咎於她時），他會轉向用金錢換取女人的關注、幻想與女人親近，或在線上尋找女人的陪伴來獲得慰藉和安全感。

或許，你的故事與萊爾的大不相同，但可能也有某些相似之處。也許你的母親是非常會鼓勵孩子的好媽媽，但她在你年少時撒手人寰，使你非常害怕失去自己所愛的女人。也許你的母親在情感上控制著你、不斷地批評你、過於情緒化或是要你照顧她。又或者，她可能對你疏遠又冷漠，很少給你愛或親密的互動。她可能把你擺在極高的位置，讓你不可以犯錯；抑或她可能過於沉迷在自己的人生戲碼中，以至於你幾乎對她一無所知。無論是哪一種情況，你的母親都直接影響了你看待女人、對待女人、以及你與女性互動的方式。

母親與阿尼瑪

榮格相信，我們的內心存在兩種相反的性別意象，分別被稱作阿尼瑪（anima）和阿尼姆斯（animus），或陰性面和陽性面。阿尼瑪代表男人內心無意識的一面，它包含了男人的心靈和思想中的女性特質或女性意象，並體現出他對自己所不了解的一切。根據榮格的說法，阿尼瑪是「男人心靈中所有女性心理傾向的擬人化，例如對感受與情緒的重視、預知的直覺、對非理性的接納、個人生活的能力、對自然的感受，以及同樣重要的，他對無意識的關係。」一般來說，男人內心的阿尼瑪是由他母親塑造出來的。

正向形式的阿尼瑪會負責幫男人尋找合適的伴侶，揭露他心靈中那些被隱藏的關於自己的眞相，用美感和生命力豐富他的生活，培養與大自然的深厚連結，展現同情心和率眞——所有寶貴的特徵和特質。負面形式的阿尼瑪可能導致男人變得極不穩定、非理性，不知道自己想要什麼，缺乏自我疼惜或喜悅，同時使他容易受到心情和情緒的影響。他可能憂心忡忡，一會兒開心、一會兒又封閉起來，或是陷入完全的絕望當中。

現代文化有著相互衝突的論述，不斷地想將男人侷限於純粹的阿尼姆斯（陽性），或是更多的阿尼瑪（陰性）。現在有許多主流的煽動性言論，企圖讓男人變得更加女性化。社群媒體、約會建議和大多數主流的資訊來源都在關注男性文化中的各種問題，並告訴男人其解決之道就是變得更脆弱、極度共情他人，以及斷絕他們與生俱來的果斷能力。主流文化並沒有眞正了解問題，卻提倡男人應該斷絕及削弱他們的男性本質和核心。然而，問題並不在於男人必須變得不那麼男性或更加女性，而是男人一開始就沒被教導如何成爲男性，或是如何尊重自己內在的女性。這往往培養出被動、情緒化的男人，他們迴避了自己的男性特質，而全心投入阿尼瑪並讓其占據主導的地位。

我們的目的既不是拒絕生命的陰性特質，也不是過度採納它們以至於削弱了自己的陽性本質。我們的目的是，為你內在的混亂帶來平衡與秩序。

為了做到這一點，你必須願意審視你與女性之間的主要關係是如何形成的——透過你的母親（或是你生命中扮演母親角色的那個人）。無論是外部或內在，你的母親在你發展你與女人或陰性之間的關係方面，都起了藍圖般的作用。我們的目的既不是將你的問題歸咎於母親，也不是抱怨她養育你的方式，因為這樣做毫無意義。就算你眼中的母親是完美的，我們的目的仍是想藉由了解在你成長時期形塑你對女性的看法並留下第一個心理印記的那個人，來理解女性。

原型母親是扮演著滋養、照顧及遠離世界混亂的避難所的角色。她是生命和誕生的體現，也是男孩學會（有意識和無意識地）預期女性行為的地方。最重要的是，母親將直接影響你的神經系統和無意識心靈的發展。

正如榮格在《人及其象徵》（*Man and His Symbols*）中所說，與母親有不愉快經歷的男人（也許是她疏忽、情緒不穩定、愛批評或反覆無常），更容易表現出煩躁、不確定、心情低落、不安全感、過於敏感或易怒。這種男人的核心問題通常是一種無望的困惑，彷彿沒有任何事物具有意義或重要性，而其內心的對話也可能是苛刻又損人的。若他能面對並克服自己內在的那些攻擊，就可以幫助他強化自己的男子氣概。這些男人往往對人生有著非常冷漠、充滿算計和現實的看法，而缺乏心靈的溫暖和情感。

然而，與母親有良好經歷的男人，也許是太過好了，可能會在性格上變得非常女性化，容易受到女性的欺騙或利用，並且通常難以應對或願意面對生活的困難。這些男人往往很容易對人生思考太多而無法充分地活在當下。

不帶羞愧或自我批評地反思一下上述內容，並留意其中有哪些與你的行爲聽起來是類似的。坦白說，你經常情緒化和情緒不穩定嗎？你是否封閉、冷漠和過於算計？或者你是否經常將人生視爲無望、令人不堪負荷及充滿困惑？這些訊息對你後續的閱讀會非常有幫助。

理解母親的印記

柴斯已婚，有一個剛出生的兒子。過去一年來，柴斯經常情緒不太穩定。他會突然發怒、情緒起伏大、反應強烈，而這種情況不僅與他的個性不符，並且在他兒子出生後變得更加明顯。他很容易對妻子感到不耐煩、不與朋友往來，對自己更是充滿敵意。他形容自己的內心對話就像戰場一樣。他在傳統的猶太家庭中長大，直到他十二歲時父母離婚。

柴斯原本不願意探討他的成長背景，但後來他談到了父親的缺席以及母親要他幫忙家務的壓力。起初，他對母親唯一的評論是，他「非常愛她，即使有時候她會令人生氣」。他形容他們的母子關係很親近，但也很沉重。即使他已經四十一歲了，他的母親還是期望他每週打幾次電話給她。她從未再婚，並且告訴柴斯，照顧她（這是他從小就一直在做的事）是他身爲長子的職責。正如他在某次諮商中說的：「猶太母親讓人內疚的功力可眞是了得！」他用幽默的方式很認眞地說這句話。但顯然，多年來母親灌輸在他心靈中的內疚和羞愧已令他感到心力交瘁。

隨著我們更深入地探討，柴斯承認母親對他的要求很高。她需要他很多的關注，有時候他甚至覺得自己無法和母親在一起。父親離開後，母親讓十二歲的柴斯成爲新的一家之主，並要他在週末爲她揉肩膀、支付帳單，以及對年幼的弟妹施予管教和懲罰，這也導致他們對他心懷怨恨。

他母親是那種把抱怨和批評當作愛和關懷的女性。柴斯形容她就像是情緒的旋風一樣，可以時而開心愉快，時而摔門哭泣。小時候，母親會批評他的成績、談吐和穿著，對他的體態品頭論足，有時甚至會羞辱他的外貌。

「她對我很嚴苛，但同時也爲我感到自豪。」他說：「奇怪的是，有時她會批評我的外貌，但有時也會炫耀我。記得幾年前，母親要我載她去美髮。我們走進髮廊時，她勾著我的手臂，對在場的女士們開玩笑說，如果她再年輕幾歲，我這樣的男人會是她完美的男友。我知道那只是開玩笑，可是那種話會令我起雞皮疙瘩。」

柴斯的母親不僅批評他，也會評論他妻子的成長背景，因爲她出身的社會階層比他低。他母親會公然地告訴他，他本來可以「找個更好的」，有時甚至會拿她自己跟他的妻子做比較，說她可以把他和他的孩子照顧得更好。從某些方面來說，柴斯在情感上更像是娶了他母親而不是他的妻子，但他無法看出這一點。

柴斯已發展出過度活躍的內在批評者。他缺乏內在的同理心或同情心，而他所做的一切似乎永遠都不夠好。他的阿尼瑪或內在女性正反映出他母親展示給他看的。在許多方面，他的內在女性成爲他母親的化身——缺乏界線、喜歡品頭論足、愛挑剔、永不滿足，以及容易有大幅度的情緒波動。

當柴斯了解到他的內在女性既嚴苛又像他母親時，他更加明白自己需要做什麼。他必須培養自我疼惜，並學會使用愛和鼓勵的語言（這兩者都是他小時候母親所忽略的）來跟自己說話。他先從與母親設立清晰的界線著手，讓她知道他能容忍及不能容忍什麼——她不能再對他的妻子品頭論足或批評，母子對話的次數也將限制爲一週一次。最後，由於母親不願尊重他的界線，並且經常試探他的界線或公然越界，因此柴斯有好幾個月不跟母親說話。她會哭著打電話給他並指責他，說他跟他父親是同一副德性。這令他深感受傷，因爲當時他正試圖寬恕父親、與父親的缺席和解。

然而，柴斯加倍投入於培養他與自己的阿尼瑪的關係。他每天都認眞地做感恩練習、爲他童年錯過的諸多事情表達哀傷，並下定決心培養自己的創造力。隨著他改變了跟自己說話的方式，他變得比較不會有情緒的波動，並且學會了讚賞自己和自己的諸多成就，而他與妻子的關係也出現戲劇性的改善，因爲她不再覺得自己必須爲了丈夫的情緒波動而提心吊膽。

爲了培養你與自己的阿尼瑪的關係，你必須能清楚地了解母親在你成長過程中所留下的陰影和印記。

以下是母親的陰影的幾個例子：

- **過於親近或糾纏的母親**。她干涉兒子所有的事情，並在情感、具體的互動和母子關係上都需要兒子的持續關注。有時候，這種母親對待兒子就像對待男友或丈夫一樣，會要求兒子做她想要伴侶做的任何事。這種母親可能在你小時候就愛管你的閒事，她會偷翻你的東西、問過於私人的問題、不斷地需要了解你的一切，或者告訴你過多關於她個人的事——難怪英文的窒息（smother）這個字會有個母親（mother）在裡面。
- **過度保護的母親**。這些母親通常充滿了恐懼和焦慮，而這也成爲她們教養作風的基礎。她們可能非常專橫，會阻止你做那些男孩子的冒險行爲、誇大其潛在的風險，並利用恐懼來控制及維持你們的親近。然而，這可能造成你內心的高度焦慮，導致你成爲害怕承擔任何風險的男人。你可能會發現自己花很長的時間作決定，不斷地在權衡利弊得失，有時候甚至會作出不理性、荒唐和危險的決定，導致有害的結果或影響。
- **疏忽的母親**。這些母親可能由於酗酒或某種形式的上癮，而對孩子沒有感情、公然排斥自己的孩子，並對他們的生活漠不關心。她們可能不會表露自己的情感、守口如瓶，並且通常有某種形式的痴迷（例如囤積物品或追劇）。這些母親可能會藉由避免與孩子有具體或情感上的連結、對孩子的生活欠缺關心來忽視他們的需求，並且往往有不懂得照顧自己的特徵（例如過度飲食、喝酒、聊八卦等等）。這可能導致男孩成爲忽略自己和自己需求的男人，在各種人際關係中不敢爲自己發聲，並且缺乏照料自己的能力。

- **批評和輕蔑的母親**。對她來說，沒有什麼事是夠好的，而她會確保你知道這一點。大多數時候要得到她的愛和關懷的唯一方法就是表現得符合她的期望。她對你所做的一切都抱持著批評的態度。她永遠不會錯，甚至在你成年後，她仍會給你令人不敢恭維的建議，同時忽略了她自己的問題。她可能會對他人品頭論足、堅持頑固和僵化的信念，並可能對你或他人公開冒犯。
- **受傷的母親**。她是受害者。凡事都不是她的錯，該受指責的是其他的大多數人。她表現得好像自己永遠不會犯錯一樣。這種母親可能非常消沉，並且往往難以適應新的情境。她散發著源源不絕的負面情緒、健康問題或哀傷。
- **聖潔的母親**。她永遠不會犯錯，並且在她眼中自己從未犯過任何錯誤。她充滿了愛心、仁慈、同情和關懷。她會關心你的生活、付出一切來愛你，但也要確保你知道她爲你做了多少事。在某個層面，你會懷疑是否有任何女人能做到像她那樣。

也許在成長的過程中，你母親是與上述類型完全不同的母親。無論你母親扮演的角色以及你與她的關係如何，了解她在你身上留下的印記以及你對女性的觀點，對於你發展自己的內在價值感是至關重要的。

我們的目標是按照你自己的意願，不計任何代價地全然接納、愛及寬恕你的母親。放下你想修復、改進、拯救的渴望，並且完全放棄任何希望她能理解你或爲了迎合你而改變的想法。

檢視一下你小時候與母親的關係，以及你現在與她的關係。你是否暗地裡希望自己能拯救她免於失敗的婚姻？或者你是否因爲不知如何設定界線而拒絕她、與她保持距離？你小的時候，她是否封閉又冷漠？她現在是否仍把你當成小孩，而你也默許了這種情況？有太多男人不自覺地陷入與母親之間的羈絆——沒有寬恕她所做的事、追求她的認同，或試圖將母親從她的生活處境中拯救出來。你必須願意從這種羈絆中解脫出來，因爲那些沒有努力離開巢穴的男人，將永遠停留在扮演小孩的角色，並被糾纏在母親生活的蜘蛛網中。

回答問題↓揭開真相

回答這些問題時，讓自己與那位影響你對「女性」的看法的女人建立連結。讓童年、過去的伴侶關係和友誼的記憶及情感浮現在心中。

我們從探索那位在你生活中扮演最具母性角色的人開始，無論那個人是你的母親或某個類似母親角色的人。

- 我家中的女性是
- 她們的憤怒表現是
- 她們對男人的看法是
- 她們對界線的態度是
- 她們所承受／隱藏的痛苦是
- 我曾經被教導女人應該是
- 打破「女性的規則」或「與女性相處的規則」的後果是
- 我的母親是
- 我覺得被她忽視的時候是
- 我受不了她的時候是
- 她的憤怒是
- 她的悲傷是
- 我希望她當時能
- 在成長的過程中，我覺得自己必須隱瞞她的是
- 她會批評的時候是
- 並且說出

- 這使我覺得＿＿＿＿＿＿
- 我希望她能支持我＿＿＿＿＿＿
- 回答這些問題揭示了＿＿＿＿＿＿

你學到的東西

除了母親對你的直接影響外，父親與母親的互動方式也很重要。小男孩會深受父親行爲的影響，並可能在父母互動的過程中默默地學習如何對待女人或理解女性。

思考一下你的父親是如何對待你的母親，以及他們是如何互動的。他體貼又關懷嗎？他很好說話，從不堅持自己的立場嗎？他是否會虐待她或挑釁她，或是完全不管她的死活？也許你的父親離開或出軌了，你是否處在必須保護母親或想要拯救她的情況？

爲了更清楚地了解這一點，請詳細描述你的父親是如何對待你的母親。他們的關係怎樣？這如何影響了你對待女人、母親或你的內在女性的方式？最後，反思一下這如何影響了你對待和看待女人，以及你與女性互動的方式。

整合練習 12

寫一封信給你的母親或那位類似母親角色的人，說出你小時候從未完全說出、表達或在她身邊經歷過的事。

清楚地陳述你正在放下的事，以及你將不再容忍、尋求、或在這段母子關係中參與什麼。（備註：這封信不是真的要寄給她或交給她。）

6

你與女人的關係

「女人總是站在男人落下影子的地方，因此他很容易將兩者混淆。當他試圖糾正這種誤解時，他會過分地重視她，並認爲她是世上最令人渴望的。」

——榮格

你是否曾想過自己爲什麼有時候很難夫妻和睦、無法輕鬆地約會，或覺得理解女人、與女性溝通是很大的挑戰？也許你對女生感到害怕或膽怯，並且與她們在一起時會感到彆扭、焦慮或好鬥。也許你不斷地在尋求她們的認可，或在約會的階段無法完全地感到自在，但到了認眞交往時卻又發現自己變得封閉、自我破壞、無法表達自己的需求，同時覺得自己好像是失敗者。儘管你絕不是唯一有這種感覺的人，然而這一切其實有非常簡單又確切的原因。

事實是，你對待和看待女性的方式，代表了你如何對待自己的女性特質和無意識心靈。覺得你約會的那些女人過於情緒化和混亂嗎？也許你的內在也是同樣的混亂，只是大多數人看不到罷了。或者，你發現自己約會的對象總是那些過於果斷、憤怒和控制的女性，這可能表示你對於自己成爲果斷的人懷有很深的恐懼，同時也反映出你與自己的憤怒欠缺連結。簡言之，女人就是一面鏡子，她們反映出你這個男人尚未察覺到自己的那些部分。

身爲男人，我們往往過於關注與我們在一起的女性的外在方面（我們喜歡或不喜歡什麼、我們希望改變什麼、是否有什麼可以改進），而錯過了關於我們成爲什麼樣的男人的重要訊息，以及這段關係中揭露出關於我們的哪些眞相。

通常來說，你愛的並且最吸引你的那些女性，也是你害怕的女性，因爲她們擁有傷害你的力量，讓你感到脆弱、使你偏離目標，有時甚至可以令你感到無助。因此，即使你深愛某個女人，也要特別留意你對她或對這段關係的哪些方面感到害怕。忽略這一點的話可能導致巨大的災難。譬如說，你害怕女友的憤怒，並對她處理意見不合的方式感到不滿，而你沒有在衝突中設定界線和原則，向她表明什麼是你無法容忍的；相反的，你卻封閉自己、在心裡批評她、向朋友抱怨她的行爲。你將她的憤怒和果斷視爲「問題」，完全遺漏掉你對自己的憤怒的恐懼，以及你與自己的果斷失去連結的事實。

這與她無關

重點不在於理解她、試圖改變她、解決她、爲她解決問題，甚至不是「使」她喜歡你；而是關於你自己、以及當你與她在一起時所揭露出來你對自己尚未認識的部分。這是關於在一段關係中（或試圖建立一段關係時），你覺察到自己無意識的不安全感、欲望、行爲和信念。

大多數男人過於關注外在而將他們的關係或伴侶變成客體，無意中忽略了自己成爲什麼樣的人，以及它們揭露出自己的哪些部分，最後便忘記了他們眞正渴望什麼。女人變成你需要擁有的客體、導致你的問題或困惑的客體、或是能給你所需之物（例如認可）的客體。

當你採取這種無意識、幾乎是自動的方式與女性相處時，你就會被卡住、受限、囚禁在一種心理模式中，認爲你必須得到或理解的東西是在於你自己之外。

因此，你可能耗費數年、甚至數十年的時間不斷地在重複循環，試圖理解、修復或解決與你在一起的女人的謎團，卻完全忽略了你自己內在必須看到、發展、尊重、接納或連結的部分。

關鍵就在於，你必須在這種外在化的過程中覺醒。你必須看到自己有多少價值、重要性、注意力、關注、能量、渴望、需求和希望，被投射到與你在一起或渴望的那個人身上。

問題不是「她是適合我的人嗎？」，而是「與她在一起時，我如何能更清楚地看見自己是否成爲我所尊重的男人？」唯有當你更有能力觀察自己的心理、道德觀、期望、界線和需求時，你才能眞正評估你是否找到適合的人。

她揭露了你的陰影

如同榮格在本章開頭說的：「女人總是站在男人落下影子的地方，因此他很容易將兩者混淆。」解讀：當我們男人欠缺覺察而將焦點放在對方身上時，我們會將自己的陰影（無論那是好的、壞的、醜陋的、還是美好的），投射到伴侶身上，完全忽略了自己是怎樣的人，以及我們在這段關係的互動中眞正渴望的是什麼。

我們會在她們身上看到自己所有的恐懼和不安全感，我們會對她們擁有但我們覺得自己欠缺的那些優點妄加批評，或是將她們視爲我們所欠缺的自我價値感的拯救者。事實上，當我們這樣做時，不但會給伴侶和這段關係帶來負擔，同時也會錯過我們必須了解自己的東西。

我們以尙恩爲例。尙恩交往的對象是一個經常惹惱他的女人，但他卻不願離開她。他說她好爭、過於情緒化，並且經常令他火冒三丈。他變得喜歡批評、消極抵抗、對這段關係幾乎灰心不已，但卻不願離開她。他對這件事感到非常困惑。

在輔導尙恩和他的女友的事之後，我觀察到他幾乎將所有的問題都歸咎於女友和她的行爲上。他已養成一種心態，認爲「只要我能讓她變得不那麼好爭，或許我就會快樂起來」。然而，這只是謊言和幻想。尙恩煩惱不已，因爲他覺得自己無法在這段關係中建立秩序、害怕直接表達自己，也不敢提出滿足自己的需求，而這個模式貫穿了他的餘生。

在一次諮商中，我問他：「如果你必須百分之百地接受她，並且無法改變她的任何事情，而只能改變你自己和你的行爲，那麼會怎樣？」

他停頓了片刻，然後說：「這個嘛，我想我得仔細地去了解爲什麼我會選擇跟她在一起，還有我對必須果斷和設定界線感到如此困難的原因。」

當我們探討到尙恩眞正對伴侶感到生氣的是什麼時，他描述了她有多麼直接和果斷。每當這種情況發生，尙恩就退縮了，他會被她搞得既灰心又生氣，並批評她缺乏同情心。

「我只是希望她能更冷靜、溫和，或者說白了，更好相處一點。」他在我們早期的諮商中說道。然而她做不到。不是因爲她沒有能力，而是因爲尙恩的行爲像個孩子。他採取消極抵抗的態度、迴避作決定、逃避責任，他的舉止更像是個十二歲的孩子，而不是四十三歲的男人。尙恩開始了解到，她的直接並不是眞正的問題。事實上，他是欣賞這個特質的，他只是不希望這個特質指向他。他開始看見自己多麼害怕提出自己的主張、表達自己的憤怒或失望，並對跟他在一起的那個女人竟然比他更直接和坦白而感到羞愧。

問題並不在於尙恩的女友個性果斷，問題在於尙恩缺乏果斷，並且一直害怕培養自己這方面的特質，因爲他深信這樣做會在關係中引發更多的衝突。然而在我們接下來的伴侶諮商中，我問了尙恩的女友，如果他變得更有主張，她會有什麼感覺。她回答說：「拜託！那就這麼做吧！我想要一個能夠設定界線的男人。我希望你能告訴我你想要什麼！」尙恩看起來既震驚又興奮，因爲他對於發展自己一直以來視爲威脅的那個面向充滿了期待。

然而事實就是如此，不是嗎？**關係本來就是教你了解自己**。

它本來就是要揭露你身爲男人的更深層面——你想要什麼、渴望什麼、願意或不願意容忍什麼，以及你想在自己的內在和這世界建立什麼。它應該揭示你一直以來所錯過的關於自己的東西、將你與自己的優點連結，並讓你看見自己身爲男人忽略了哪些東西。就如同其他男人可以幫助你磨練技能、加深你與自己的男子氣概的連結一樣（鋼鐵可以磨利鋼鐵），你也可以透過關係的磨練來改善自己。

然而，當你像瘋子一樣亂竄，試圖修正、了解或搞清楚你的伴侶時，所有的這一切都被忽略掉了。

舉例來說，你因尚未建立自我認可的內在框架或系統，而缺乏深刻的自我價值感和自信。你苛刻地對待自己、批評自己，並且缺乏同情心，從而造成問題。因此當你找到自己想要和渴望的女人時，你的自我價值匱乏就會被放大，並想讓她重新確認你的價值。你忽然變得需要她告訴你，你在床上的表現足夠出色、你足夠聰明或足夠強大。你想要她認可你的成就，重新確認你作爲男人的價值和重要性，並且她逐漸地（或迅速地）成爲你唯一的認可來源。你可能發現自己變得很需要別人關懷、苛刻或不講理，並期望她能同情心泛濫地來彌補你內在所欠缺的同情心。此時，跟你在一起的那個女人無意中已成爲你必須發展的目標——自我認可、同情心和價值感。然而當你迷戀她、試圖修正或改變她的行爲時，你就無法看到這一點。你必須願意將焦點轉向自己，並且看看她在揭示關於你自己的哪些東西。

輔導了世界各地成千上萬的男性後，我注意到這種行爲可能產生幾種模式。你可能會：

- 暗地裡對女性感到害怕。
- 將她們奉爲女神：「她太棒了，我的生命裡不能沒有她！」「她跟我這樣的男人在一起如何？」

- 將她們視爲問題的來源：「要不是她那麼……，我也不會有這種感覺。」
- 將她們視爲你的問題的解決之道：「只要她能改變，那麼我……」「她只要……，就能解決這個問題」「我需要她來感受到……」
- 變得想要控制她的行動和行爲，試圖決定她該成爲怎樣的人。
- 發現自己變得情緒不穩定或易怒。
- 貶低／輕視她。
- 完全忽視和迴避女人。
- 不信任女人，認爲她們終究會背叛或傷害你。
- 視女人爲危險、有控制欲和「令人受不了」的存在。
- 操縱她們，讓她們爲你的決定負責。
- 將你的問題歸咎於她們。
- 與她們競爭。

事實是：**在你看清楚自己在這段關係中是什麼樣的人之前，你永遠不會知道你在這段關係中想要什麼**。這種反思和自我覺察的行動，讓你看到自己那些曾經忽視或未曾有機會發展的部分——你的憤怒、果斷、同情心、自律、自我認可等等。這就是自我帶領的男人在一段關係中的樣子，亦即將焦點從你的伴侶必須做、修正或發展什麼，轉移到你自己身上。然而這並不表示你沒有需求或標準；事實恰好相反。透過清楚地了解你在這段關係中是什麼樣的人（你的缺點、優點和看清事實的能力），你可以更直接地表達自己的需求和渴望，同時更清楚地了解你是否與合適的人在一起。

重拾你的力量

你與伴侶、朋友、工作和這世界的關係都是次要的。

你最重要的關係是你與自己的關係：你的選擇、行爲準則、道德觀、價值觀和心理。

你的伴侶和關係就像一面鏡子，幫助你更清楚地看見自己——一個磨練你的鋒芒，並與你自己的本質發展出更健康、更強大、更深刻的關係的地方。不要陷入試圖理解你的女友、男友、妻子或伴侶的迷宮中，試著要控制他們的行動及改變他們的運作方式。因爲重點在於了解你自己，以及掌握你的決策模式。重點在於了解你的心理組成結構，亦即你在他們身邊變成什麼樣的人、你的感受、你的選擇、你一直在容忍哪些不可接受的事、你的恐懼和渴望，同時學會與自己建立關係。

她不是挑戰，你才是。該搞清楚的問題不是她，而是你。她只是站在你對自己的了解的邊界上，亦即那些你不想看到或不敢承認的部分；她指向你和你的可能性的未知面向，而這其實是一份禮物。

我每天都看到男人落入這種陷阱當中——那些將注意力向外聚焦在伴侶身上，試圖找出如何

「做對」的男人。

「我要怎樣才能讓她們喜歡我？」

「爲什麼她不想要更多的性？」或者：「我怎樣才能讓她想要更多的性？」

「我們一次又一次地吵同樣的事情。爲什麼她就不能——（釋懷、原諒我、接受現實並開始新生活等等）？」

「只要她——（了解某事、改變某事、看到某事、認可某事、停止或開始做某事），一切就會很好。」

上述所說的這些，男人在哪裡？他的行動、情感、選擇、道德和個人的心理在哪裡？它們全都轉嫁給了他的伴侶和關係。他已經被跟他在一起的人蒙蔽，幾乎對自己被揭露出來的內在特質一無所覺。

現在你可能在想：「我以爲你會教我關於女人的事，或是與她們相處時怎樣變得更好。如何更好地溝通、更好地相處或更常享受魚水之歡。」是的，我確實是在做這件事。然而，我並不是在教你一些拙劣的手法來「影響」女性的行爲或生理欲望，我是在帶你回到源頭——你自己。無論你是單身、正在交往中、還是已婚，都要讓你成爲最具吸引力的自己。

那麼，要怎麼做呢？有兩個方面：首先，要看到自己不自覺的那些溫順、不安全、操控和幼稚的行爲，如此一來，你便可以加強自己的這些方面。其次，要了解到，當你將所有的注意力、腦力、時間和策略都用來理解女人或成功地與女性相處，並將它們應用在自己身上，那麼你將成爲一個不僅知道自己想要什麼，並且對女性具有極大吸引力的男人。當女人身邊有一個了解他自己的男人時（他的渴望、欲望、需求、使命和目的，並且能夠以穩重、健康和尊重的方式表達自己的需求），她要不就是深切地想要跟他在一起，要不就是因爲她還沒做好跟他在一起的準備而逃之夭夭。更不用說你將清楚地知道她是否是適合你的女人。

舉例來說，湯姆從小在一個挑剔的母親身邊長大，於是發展出充滿敵意的內在對話，總是不斷地羞辱他自己。當他與自己又愛又敬重的珍妮進入一段感情時，他變得很需要別人的關懷，不斷地尋求她的認可和讚美，而他在尋找的是他內心所欠缺的東西。他沒有看到自己身爲男人的價值或重要性，也沒有活在他所尊重的生活方式當中，因此他只會追求她的讚美和認可。

再次強調，重點不是她，而是你、你的選擇、你的心理和你的道德觀。這是關於你在關係中共同創造的內容。如果你覺得自己的性生活欠缺活力，或者你與伴侶之間的溝通出現了困難，那麼你是怎樣造成這種連結或親密感的欠缺呢？你是否成爲伴侶的情緒的受害者或是她害怕性行爲的恐懼因素？你是否有好幾個月的時間坐視著憤怒和怨恨的累積和醞釀？你一直在保留或容忍什麼？透過將目光轉向自己，你可以讓自己從關係和對方身上那些你無法掌控的持續又大量的細節中解脫出來，同時明確地知道你可以走哪條路或往哪個方向。你無法改變她，但你可以改變自己。

亞當是另一個很好的例子。他已結婚五年，而他的行爲一直以來（用他自己的話來說）就像是超級大混蛋，但他並不知道眞正的原因。當他與妻子起爭執時，他會把她當空氣、不跟她說話，並爲殘忍地對待她、抨擊她的性格尋找藉口。他對她遭受的挫折缺乏同情心，並拒絕承認他所造成的痛苦。這是他童年學到的東西，不僅在婚姻中，並且在他自己身上延續下來。他抱怨她對他有多麼冷漠和疏遠——他再次將自己的行爲投射到她身上。亞當最大的抱怨是，他的妻子「總是只在乎她自己」，對他幾乎沒有耐性。但事實上，缺乏耐心和理解的是亞當自己——對他自己和妻子都是如此。

對某些男人來說，他們的關係將凸顯出他們在健康的界線或紀律方面的不足；對其他男人來說，這將顯示出他們在同情心、仁慈、輕鬆和情緒連結方面的高度匱乏。除了注意你對女性的信念揭露了關於你自己的哪些事實外，沒有其他的通用解決方案。

佩頓跟他的女友在一起已經三年了。他愛她，並且能看到他們美好的未來，但他想要有更主動的性生活，並發現自己在婚姻和孩子的問題上猶豫不決。他曾多次與女友坎卓進行對話，而她總是對他想要做、探索和體驗的事情保持開放的態度。然而，佩頓對她過於挑剔。他不斷地抱怨她在性方面的主動、她在過程中的投入，以及他多麼想要不一樣的東西。

在聽了他對伴侶和性生活的抱怨幾個星期後，我問道：「什麼是你想要改變坎卓、卻不想承認那是關於你自己的東西？這個問題揭示了關於你的什麼？」

佩頓顯得非常困惑，並且有些不悅。最終，他回答說：「問題不在我，而是在她。」

「好吧，」我回答：「如果這件事你也有責任，那麼什麼是你不願意承認的？」

他想了一會兒，意識到我在引導他思考。他說：「這個嘛，」他嘆了口氣說：「坦白說，我感到不安全。我想做的、探索的事情，她都願意嘗試……現在我必須採取行動，但我不知道從何開始。我一直試圖讓她主導，但其實是我必須主動。」

「完全正確。」我回答：「她是開放和願意的，但你卻害怕投入和主導。有時候我們最大的自我破壞就發生在我們獲得自己渴望的東西時。」

佩頓的女友不是問題，她的行爲也不是問題，癥結在於佩頓對於主動投入自己的性欲望、獲得他一直渴望的東西懷有無意識的恐懼。

多年來，我輔導過無數的男人，他們無法決定自己是否該維繫或告別一段感情。這些男人大多數都不停地談論他們的伴侶或關係，討論他們的伴侶是否具備適合的特質，發生衝突時伴侶的行爲是否能令人接受，或是他們的性生活是否符合期望。這些都是重要的問題。然而，所有這些關於伴侶和關係的問題，反映出來的其實是這些男人對自己一無所知的部分。

這些男人會對自己是否該維繫或告別一段感情感到困惑，並不是因爲他們不了解他們的伴侶或關係，而是因爲他們不了解自己，這使得作出決定幾乎變得不可能。

暫時先不考慮伴侶的行爲，以及你對她們可能有的任何問題。當然，關於伴侶或關係的某些方面你可能無法容忍，但這留到稍後再來討論。

先從反轉你在關係中的目光方向開始。關於你自己，你不想看到或承認的是什麼？你一直在迴避哪些決定、對話和行動？你放棄了哪些價值觀，並且合理化了哪些你明知是不正直的行爲？

至於你的伴侶和關係：你對她們有哪些想法，以及你不願意接受什麼？是否有某些問題是你一直試圖解決的？而這一切反映出關於你自己的哪些事實？你能不能放下試圖改變伴侶或她們的決定，而專注在你可以控制自己的部分？有時候這會引導出令人難以接受的眞相和抉擇。了解到你一直在爲了討好別人而犧牲自己的道德和正直，可能是你不得不接受的殘酷事實。在婚姻或關係中醒來，並發現你不尊重的不是她們，而是你自己，並不是容易的事。

你與自己的本性、心理和靈魂的關係，是你將擁有的最重要的關係。當你接受她的眞實樣貌，而不試圖改變她的任何事情時，這揭露了你的哪些部分？它說明了你的哪些行動方式（你作的選擇和你一直越過的界線）？而當你轉變時會發生什麼？你是否可以把關係當作磨刀石來磨練你的男性特質，並讓它將你擴展爲更深層次版本的你，而不是讓它成爲你必須從中逃離的牢籠？

別忘了，你如何對待女性，你就會如何對待自己的無意識心靈，以及你對自己一無所知的一切。

她不是獎品、追求或冒險的目標；你才是。

現在就展開這趟旅程吧！

回答問題↓揭開真相

- 關於我自己，我在關係中最不願意承認的是
- 我最不希望我的伴侶知道的是
- 如果她們知道我這方面的眞相，我擔心她們會
- 在向伴侶表達的情緒中，最令我感到不舒服的情緒是
- 我在衝突中所表現的行爲眞相是
- 我通常吸引來的女人往往是
- 這反映了我是
- 關於我現在或過去的關係，我不希望我的男性友人知道的是
- 關於伴侶或女人，我通常關注的是
- 我之所以關注這一點是因爲
- 關於女人，我經常想要搞清楚的是
- 我的（現任／前任）伴侶說我是
- 這其中的眞相是
- 回答這些問題總是

那麼，關於你，現在有什麼正在被揭露出來？為了把焦點從關係或伴侶身上轉移到你和你的無意識心靈，你可以採取幾個步驟來重新調整。

我們的目標很簡單：

一、**故事是什麼？**說明關於你的（前任或現任）伴侶的故事。她是否「太過分」？過於情緒激動？過於有攻擊性或憤怒？過於果斷或有控制欲？對床笫之事不夠感興趣或不像你一樣享受性愛？注意你批評、需要、試圖改變、不喜歡伴侶的哪些事，而所有這一切將為你帶來深刻的見解。

二、**什麼東西被保留？**釐清你對伴侶保留的東西，以及你批評伴侶保留不給你的東西（同情心、同理心、關懷、認可、理解、果斷、直率）。雖然其中一些可能必須在關係中發展，但它們同時也是你必須學會在自己身上給出和發展的東西。

三、**關於你，有什麼正在被揭露？**你是否必須設立某種界線？你是否被要求培養果斷或自我認可？反問自己：「如果這與我的伴侶無關，那麼它可能在揭露關於我的什麼事？」

內在批評者

多年來，我的內在批評者總是對我惡語相向。我腦海中的聲音極爲惡劣、有害，並且極具羞辱性。每當我做錯事，它就會立刻攻擊我，出其不意地將我痛斥一番。學會面對它及克服它是一場極爲慘烈的戰鬥，但同時也是可以獲得極大回報的戰鬥。

在今天的工作坊上，我帶領男士們進行一個非常簡單的練習：以當你做錯事時內在批評者對你說話的方式來對另一名男士說話。這個練習之所以強大有幾個原因，但主要是因爲男士們會立刻對以那種方式跟弟兄說話感到抗拒。

「我不想那樣跟他說話，他是個好人。」總是有人這樣插話說。

「那你爲什麼要那樣對待自己呢？」我回答。

隨著練習的進行，可以聽見現場迴響著攻擊和貶低的評論。

「你到底怎麼了？」

「沒有人會把那個搞砸的。」

「你眞是個白痴。」

「你活該失敗和孤單。你永遠不會有出息，你自己心知肚明。」

對大多數男性來說，這並不是他們第一次聽到這種中傷。事實上，你的內在批評者有其起源。

它是在你成長的歲月中形成的，並且很可能在你人生中的某個或多個親近關係中扎下根來——可能是挑剔的母親、有攻擊性的父親、校園的霸凌者或是過分嚴格的教練，只要你稍微看了他一眼，他就會對你口出惡言。內在批評者的聲音，幾乎總是聽起來像是最挑剔你的那個人的聲音，並且往往會說出許多相同的評論。老爸的指桑罵槐、老媽尖酸刻薄的評論，所有這一切都會反映在你批評自己的方式中。

有些男人完全受到內在批評者的支配。它會因爲小小的過失而冒出來羞辱他們，並罵到他們屈服爲止。它可能延續了某個言語虐待的父母或教練的傳統。

那麼，內在批評者與男性的阿尼瑪或女性面有什麼關係呢？

可以說，它們是密不可分的。

事實上，內在批評者是女性面的陰影。它不使用權力或力量來控制你，而是利用情感和心理戰來贏得戰爭。

當內在批評者在你內心的對話中占據了主導地位時，它也會限制及削弱你內在那些更女性化的特質。像自我疼惜、創造力、自我善待、情感表達和自我認可之類的特質，都會受到內在批評者的綁架。它是你內在的女性面脫序而大開殺戒。它會使你無法在必要時給予自己寬容和同理心，並將你努力的眞相藏匿在一堵由批評、懷疑、困惑、苛刻、傲慢和自貶所構成的難以穿透的銅牆鐵壁之後。

那些難以對自己或他人施予自我疼惜、寬恕和同理心的男人，其實已經與他們內在的女性能力失去連結，因此需要女人來爲他們提供這些東西。但另一方面，男人也可能試圖建立一種僞裝，假裝自己不需要或不依賴任何的這些東西。他們變得與同情心脫節、情感僵化，並且往往無法感受到生命的流動和變化。

這種模式在我的人生中是顯而易見的。小時候我在任何事情上都表現得不是特別好。我在運動方面很普通，與朋友相處還可以，學業也是一般般。然而，到了高中的某個時候，我開始引起女生的注意。我發現贏得她們的喜愛很有趣，並且令人興奮。我喜歡贏得她們的芳心，並且很快地發現自己能迅速地轉型成爲她們需要或想要的樣子，從而獲得她們的認可。我不知道如何肯定自己，因爲我沒有找到自己擅長的事情，再加上多年來我一直被告知我是「無用的、只會把事情搞砸、永遠不會有出息」。

由於以前我從未發展出自我認可或自我肯定的內在框架，因此當我開始從女性那裡獲得認可時，這成了一種毒品，一種我每天都需要注入以求生存和茁壯的情感海洛因，並且永遠都不會感到滿足。我將自己的價值和重要性外包給女性，而我的內在批評者越是苛刻，我就需要越多的關注和慰藉。

這整個循環令人好氣又好笑的部分是，我越需要關注和認可，我就越不喜歡自己，而內在批評者也就越能添加柴火把我放在架子上烤——直到我了解到，**我尋求的認可其實是我必須自己給自己**

的。這聽起來像是簡單的公式，但將它付諸實踐卻是力量無比強大的事。

假設你不斷地尋求伴侶的認可，你希望她們告訴你，你有多麼迷人，你聰明、風趣，或是你在理財或事業方面有很準確的眼光。也許你需要她們不斷地給你安慰，並提醒你她們覺得你在性方面很有吸引力，因爲你大多數的性經歷都沒達到自己的期望，總是批評自己表現得不好。事實上，這種需求來自於你的不安全感，而即便得到了認可，不久你的內在批評者就會說服你相信那個認可是假的，或者你必須做更多事情來證明自己的價值。

擺脫內在批評者的關鍵在於：**傾聽其中的眞實之處、建立自我認可的框架，並在必要時質疑內在批評者或是與它劃清界線**。事實上，內在批評者並非全都是壞的（除非它對你惡言惡語）。它往往引導你走向成長的方向，並照亮了你自己和生活中那些不順遂及需要同情心、發展、同理心和承認的面向。

每天花時間認可自己的努力、成就，以及每一次的面對挑戰。

藉由質疑內在批評者並與它劃清界線，來與你的阿尼瑪建立關係。要與這一部分的你進行對話，傾聽其中可能是眞實的部分，並在必要時挑戰它。你可能會聽到內在批評者在某些你知道自己做得很好的事情上對你潑冷水，但你可以對自己說：「夠了！你說的不是眞的。我不會跟你辯論，因爲我知道我做得非常好。」

要記住，你的內在批評者只是一種模式——一種其他人安裝在你內心裡的懷疑、論斷和批評的模式，而且它是可以重寫的。

不要企圖消除內在批評者，而是要想辦法去理解它。它是何時被創造出來的？是什麼導致它的出現，以及它是如何獲得如此大的力量？它是否延續了某個曾經折磨你、霸凌你或不斷批評你的人的傳統？還是它的形成是作爲自我懲罰和控制的機制——一種確保你約束自己來取悅生活中的某個人的方法？

它說的是事實嗎？它要警告你某件事嗎？或者它像是一位過於有攻擊性和惡語相向的管理者，而你必須加以對抗？這在一開始可能會很不容易，感覺像是難以承受的任務，尤其是當內在批評者是你過去曾遭受言語、身體或情感上的虐待的結果時。

當你犯下無心之過時，要寬恕自己。要像對待子女或伴侶一樣地懷著同情心對待自己，並從中學習它所揭示的教訓。要與內在批評者劃清界線，告訴它什麼是可以接受和不可接受的。

整合練習14

揭露內在批評者的起源故事

第一步

首先，列出在你成長的過程中，那些你覺得受到他們的批評或羞辱的人。你們之間的關係是什麼？小時候，他們的看法對你有多重要？用一到十的評分來評估他們的重要性。例如，繼父：六分，媽媽：八分，曲棍球教練：七分。

接著，寫下你所記得的每個人（至少是前三位）對你的批評或言語攻擊的時刻或記憶。當時你在哪裡？發生了什麼事？你有什麼感受？你如何解讀那次遭遇對你自己的意義？

第二步

接下來，我們來探索你的內在批評者形成的一些方式。

- 成長的過程中，我覺得對我批評最多的人是＿＿＿＿
- 他們說過類似＿＿＿＿之類的話。
- 我感覺別人因為＿＿＿＿而取笑我。
- 我的哪些部分從未感覺夠好或是被接受？＿＿＿＿
- 家人中有人因為＿＿＿＿批評過我。
- 在學校，同學因為＿＿＿＿批評或取笑過我。
- 權威人士（老師／教練）中，有人因為＿＿＿＿批評過我。
- 童年時，我嚴厲批評自己的時候是＿＿＿＿

• 我對自己的＿＿＿＿＿＿＿＿很挑剔。

• 我對它挑剔是因為＿＿＿＿＿＿＿＿＿＿＿＿＿＿

• 如果我（成年的我）可以對那個被批評的內在小孩說些什麼，我會說＿＿＿＿＿＿

＿＿＿＿＿＿＿＿＿＿＿＿＿＿＿＿＿＿＿＿＿＿＿＿＿＿＿＿

第三步

最後，面對並加以糾正。不要完全相信內在批評者的話。要藉由以下三個簡單的問題來質疑它：這是我嗎？這是真的嗎？這有幫助嗎？

• **這是我嗎？**這真的是我自己的想法或信念，還是別人的論述？如果它不是我，那麼它是誰？

• **這是真的嗎？**內在批評者說的是事實嗎？我能對它提出質疑嗎？我怎樣才能知道它說的完全是事實？如果它不是真的，那麼什麼才是或可能是真的？

• **這有幫助嗎？**內在批評者所說的在某種程度上是有幫助的嗎？如果有幫助，那麼是哪方面有幫助？我想要怎樣處理它？如果沒有幫助，那麼什麼才會有幫助？

7

脆弱性的迷思與情感自主

「我心中有一隻想要飛出來的青鳥，但對它來說，我太剛強了。我說，待在裡面，我不會讓任何人看見你的。」

——查爾斯．布考斯基（Charles Bukowski）

現代的交往和人際關係使男人陷入左右爲難的境地。一方面，男人被告知他們必須表現得更加脆弱、敞開心扉，並且談論自己的情感。然而當男人眞的這樣做時，可能會面臨到各種反應，譬如憤怒、困惑、恐慌、擔憂，以及其他人想插手解決問題。以上僅是略舉數端。事實上，大多數的女性仍然渴望強大、果斷和穩重的男人。而男人是知道這一點的，這也令他們深感困惑，如何在強大、穩重和果斷的同時，又表現出脆弱、敞開心扉，並主動展示自己情感柔弱的一面。

當你毫不隱瞞地告訴伴侶你的感受、問題和情緒時，她可能會有各種反應：她可能感到興奮和安慰，也可能因此變得好爭和好辯，或是開始扮演起母親的角色，試圖解決你的問題來幫助你感覺好些。

或許你在某段關係中遇過這種情況。你的伴侶一直要求你敞開心扉、分享你的感受，因此某天下班回家後，你表達了自己對某些同事或客戶的沮喪和不滿，並吐露出你有時候多麼討厭你的工作。可是跟你預期的溫馨歡迎不同，她的反應竟然是提醒你，你需要那份工作不能辭職，或是說你抱怨太多了。也許她會進入解決問題的模式，提供你一長串應對問題的方式。無論哪種情況，你都會因為這種互動而感到灰心和失望，並對她反覆地要求你敞開心扉，但在你這樣做時卻將你打發的做法感到困惑。

雖然對你來說，擁有高度的情感意識，以及能夠理解、調整自己情緒的能力是很重要的，但僅僅是變得脆弱則可能會導致混亂和困惑。這就是關於男人和脆弱性的誤解。

脆弱性的迷思

脆弱性的迷思告訴男人，只要他們敞開心扉，跟女性分享他們的情感、變得脆弱，那麼他們就是好男人；並且藉由成為脆弱的人，他們生活中的大部分問題和困難就會迎刃而解。當前的文化論述告訴男人，脆弱性是解決所有問題的解藥。這是真的嗎？可能性不大。但在某些時候有幫助嗎？當然有。是否有什麼有效的方式可以表達情感，同時又不會使你需要別人過多的關懷？絕對有。

當女人告訴你，她們希望你能變得更脆弱時，她們其實是想要表達什麼呢？我們來深入了解一下。

當女人說，她希望你能更加敞開或變得更脆弱時，她其實要說的是，她希望知道你覺察到自己的內在感受，並有能力調整你的情緒狀態。她希望能夠確定，你在某種程度上正在處理工作、財務、孩子等等的緊張、壓力和混亂。她不希望你覺得好像你必須完全隱藏自己正在經歷的事情。她只是想知道你在經歷這些挑戰時的感受。是的，她可能想聽聽你的痛苦和挫折的細節，但最終她追求的不是跟你一起解決問題或是確認你的感受，而是想知道身爲男人的你有覺察到自己的感受，並能在其中穩健前行。

要求你更加敞開心扉，其實是在測試你這個男人的穩定性及應對情感的技巧。這背後的理由很簡單：一個知道自己的感受並能游刃有餘的男人，給人一種安全和成熟的感覺，這對女性來說是極具吸引力的，因爲這暗示著你有能力應付長期的工作壓力、財務壓力、家庭壓力或感情壓力。

相反的，一個不懂得覺察自己的情緒感受、對它加以否認、或在出現情緒時無法進行調整的男人，會被認爲是危險的男人、軟弱的男人，是對他自己、他的家庭和女性構成潛在威脅的男人。

男人脆弱性的兩難

無數的男性，也許甚至包括你在內，陷入了左右爲難的困境：努力變得堅強及對情感如如不動可能非常不現實或使人孤立，而敞開心扉和「脆弱」同樣可能導致不良的後果。試圖在情感上表現得堅不可摧可能導致成癮行爲、抑鬱或甚至更糟。根據美國疾病管制與預防中心的數據，男性（21.7%）的中度飲酒者比例遠高於女性（6.6%），並且男性比女性更容易成爲重度飲酒者（分別爲5.7%及3.8%）。此外，根據該中心的數據，男性的自殺率幾乎是女性的四倍，占了所有自殺案例的77.9%。

事實是，大多數男人都在默默地自我毀滅，就像我以前一樣。大多數時候，人們會看到男人在受苦或受傷，卻沒人眞正知道這背後到底發生了什麼事。直到他毀掉了婚姻、摧毀了事業或工作、或是出現財務危機時，人們才能進入他幾個月、甚至數年來一直在折磨自己的情感牢籠。那麼，爲什麼不敞開心扉，讓別人走入心房呢？爲什麼身爲男人就必須在情感上拒人於門外來作爲代價呢？

在情感上脆弱，尤其是在那些要求脆弱性的人面前，可能會遭到拒絕、吃閉門羹或排斥。身爲男人的你心知肚明，「敞開心扉」確實存在著風險，因爲男人可能會評斷你，女人可能會拒絕你。這不是現代社會所宣稱的萬靈丹，並且往往反映出我們對生活文化的理解不足。正如布芮尼．布朗（Brené Brown）在她的書《脆弱的力量》（*Daring Greatly*）中談到的：

> 我從男性的研究中得出的痛苦模式是：我們要求男人表現脆弱、懇求他們讓我們進入心房、請他們在害怕時一定要告訴我們，但事實是，大多數女人根本無法接受。當男人眞正表現出脆弱的時候，我們大多數人都會害怕而退縮，這種害怕會表現爲從失望到厭惡的各種情緒。而男人非常聰明，他們知道那些風險。他們光是看我們的眼神就知道我們在想：「拜託，振作一點，像個男人吧！」

大多數女性不願承認的殘酷現實是，她們有許多人不知道如何接受或面對男人的脆弱面。當男人表現他的軟弱或不安全感後，有些女性會主動排斥、不再付出感情、失去性的吸引、或是降低對他的興趣和信任。許多女性表示，她們希望男人能表現得更脆弱一些，然而當男人表現出某種軟弱或脆弱性時，反而可能遭到女性的敵意、厭惡和反感。那麼，你該如何是好？是要保留，還是敞開呢？事實上，不管哪種方式，都可能讓你感覺陷入困境，這就是爲什麼我們必須走不同的道路。

打開牢籠

身爲男人，你面臨的挑戰是知道及辨別你在何時、何地與何人可以有效地敞開心扉。至關重要的一點是，要找到那些你尊敬到足以坦誠相對、接受其反饋的人，並願意在他們面前展露你「較弱」、不那麼完美的一面。坦白說，這可能會令你感到挫折，因爲你身邊可能找不到如此令你信任的人。那麼，就從這裡開始，讓它成爲你的首要之務和優先事項。找到那些可以展現你這個男人最完整、最堅強的版本的人和團體。加入男士交心聯盟之類的團體，找一個男性團體，並參加當地那些你希望與之共同成長的男人通常也會參加的活動。

如同查爾斯．布考斯基在他的詩〈青鳥〉（Bluebird）中說的：

我心中有一隻想要飛出來的青鳥，
但對它來說，我太剛強了。
我說，別動！

你想毀了我嗎？

在這首詩中，青鳥象徵他較柔軟、溫和的一面，而他相信這一部分的自己在這世上無容身之處。這也是某些男人的眞實情況。他們感受到自己本性的美麗、喜悅和溫柔的一面，卻覺得無法將它展現在這世界，並擔心它會破壞他們已經建立的一切；甚至更糟的是，會被他們所處的混亂和嚴酷摧毀。

對其他男人來說，他們面臨的挑戰是，青鳥持續地暴露在外，沒有任何保護或遮蔽的地方來抵禦現實的殘酷。他們受到自己脆弱性的左右和支配、被自己的情緒所控制，也沒學會在必要時保護自己。就這樣，他們的敏感性在沒有任何保護的情況下，日復一日地被我們居住的這世界的殘酷所挑弄、暴露和蹂躪。這些男人受到情緒的左右，脆弱性成爲他們主要的運作模式，並導致各種混亂和困惑。

大多數男人在這兩者之間擺盪——要不就是封閉和壓抑，要不就是受情緒的支配和暴露，因而錯過了第三條路：情感主權。

發展情感主權

情感主權的重點在於獨立自主。這是使你可以完全擁有自己的情感體驗的能力和技巧——完全

爲自己的情緒負責，同時也能理解及調整自己的感受。

這需要你去感受，而不是麻木不仁。

要主張，而不是責怪；要表達，而不是壓抑。

情感主權的重點在於要有能力看清楚你是怎樣將自己的情緒推責給別人，並期望他們改變來讓你的感覺變好。

如果你經常需要別人改變來讓自己感覺好一點，那麼你的情感就被他們所操控，而不是你自己。當他們說出你不喜歡的事或是用某種口氣說話時，你就會生氣、封閉或反彈。

情感上的脆弱會說：「我有這種感覺都是你造成的。」或是：「我不知道自己爲什麼會有這種感覺，眞希望不要有這種感覺。」而情感主權則會說：「我有這種感覺。沒關係，我有能力穿越它，況且我還有支持我的輔導團隊。」

情感主權的重點在於你直接與自己的情緒接觸：它們在你身上出現的方式及感受爲何？它們源自過去或當下的什麼？它們試圖告訴你或教導你什麼？然而這並不代表你只能根據自己的情緒來作出反應或決定，但它們是你可以納入考量的珍貴訊息。

不過，情感主權並不表示你在情感上是孤立無援的，因爲每個主權者都必須有輔導團隊。誠如俗話所說，鋼鐵可以磨利鋼鐵。發展情感主權的眞正祕訣，就是與那些在情感語言和穩定性方面比你更強大的男性在一起。他們願意聽你發洩情緒，但也願意在你連續幾週抱怨同一件事卻不做任何改變的情況下，向你提出質疑。他們能談論自己的恐懼，以及他們如何下功夫去面對它們。他們願意討論分手、父母離世或事業失敗後的深刻哀傷。這些是那種大多數男人深切渴望、但確實缺少的連結和關係，而這通常是因爲他們害怕那些必定會隨之而來的眞實、有難度及感覺不自在的體驗。

那麼，如何與女性伴侶分享你「較柔軟的一面」呢？你「展現脆弱」時又是什麼樣貌呢？首先，你必須建立堅實的基礎和信任。如同我之前說的，過早地分享太多可能會帶來問題。

其次，要建立結構。想好你要分享之事的前因後果、內容和方向。譬如說，倘若你想分享一個工作上的問題，並且只是希望盡情地說出來而不需要得到對方的回饋，那麼你可以這樣說：「親愛的，我想用兩分鐘的時間說說我工作上的問題。我只是想講給你聽一下，可以嗎？」又或者，也許你必須對自己覺察到的行動、情緒或行爲有關的事情負起責任。你可能對母親的癌症診斷結果感到傷心和難過，並想讓伴侶知道你的感受，那麼你可以這樣說：「嘿，可以耽誤你幾分鐘的時間嗎？這很難說出口，但母親的診斷結果眞的讓我很難受。我只是想讓你知道這件事，也想聽聽你的看法。」同樣的，要先想好這件事的前因後果、內容和方向。

讓她知道，你正在爲你面臨的挑戰做出哪些努力，以及你已經找了哪些資源來解決這些阻礙。告訴她，你正在與一些男性友人一起處理這件事、尋找輔導團隊，或者已經找到某個導師來幫助你度過難關，但是不要強迫她一直扮演情緒輔導者或情感導師的角色。

別那麼擔心成爲脆弱的男人，而是要致力於成爲情感自主的男人。

解決關係中的衝突：進行的規則

選一位你希望一起面對困難和衝突的女性。選一位你願意與之對抗並接受其挑戰的人。不要僅容忍與你在一起的人及其在衝突中的行爲，否則這種容忍將會導致怨恨，並逐漸破壞你們的親密感。把目標放在了解他們在衝突中是什麼樣的人，並自行決定這是否不傷和氣及可接受，也許你甚至會欣賞他們。

與社群媒體上的梗圖相反，關係中的衝突並不是壞事。它是親密關係中的必要機制，因爲你和你的伴侶不可避免地對事情的做法會有不同的意見、信念、渴望和觀點。事實上，如果你觀察那些成功又令人滿意的長期關係，你會發現他們不僅是深深關心對方的兩個人，同時他們在解決彼此爭執的問題上也是相當得心應手。然而，這或許不是你成長過程中所看見的場景。也許你家的衝突是不穩定、吵吵鬧鬧、消極抵抗或完全隱藏的。無論你的成長環境爲何，選一位你信任、尊重、並且知道你可以在衝突出現時與之對抗的人，是至關重要的。

似乎不必特別說明，但女性的憤怒和強烈的情緒並不是你反應過度、進行幼稚的攻擊或喜怒無常的藉口。在關係中，你可能面臨的最大考驗，就是當她生氣、難過、引發衝突、攻擊你或對你感到失望時。要能應對她強烈的情緒，並學會在適當的時候建立溝通的準則或設定界線。學會如何應對她的火氣，順著她的力量流動，但要知道界線在哪裡，並用穩重和冷靜的態度告訴她你不願容忍的是什麼。

關係的最終考驗，在於它是否能容納及應對不同的觀點、意見和渴望。你和你的伴侶處理衝突的方式，最終不僅會影響你對這段關係的滿意度，同時還會影響關係本身的穩定性、連結和親密感。

記得我跟妻子剛開始約會時，我們的衝突風格非常不同，就跟大多數的情侶一樣。她來自一個「衝突是一種愛的語言」的家庭。衝突是她和父親達成協商的方式，同時也是她和母親經常採用的方式，不斷地發生爭執和誤解。每件事都是一場戰鬥、談判或訴訟的過程，爲了滿足她的需求，她必須爲此而戰。

另一方面，在我成長的家庭中，要不就是完全迴避衝突，要不就是極端地不穩定，甚至到了接近虐待的地步，於是我學會了如何規避衝突、化解人們高漲的情緒，並熟練地掌握了避免衝突的技巧。在我青少年的後期和二十多歲的時候，我也以挑釁人們和引發衝突而聞名，這是我在家中培養的技能，並在我擔任曲棍球後衛和執行者的歲月中進一步獲得磨練。

然而，隨著關係的進展，正常的分歧開始出現，妻子和我會陷入衝突。在這種衝突中，她會回到她那種試圖爭論、對我所說的一切吹毛求疵的模式，以作爲她達到目的的手段。她幾乎會將我說的每句話都按字面的意思去解讀，並積極地尋找我的論點或用詞的任何破綻，然後進行攻擊，簡直就像她是在法官和陪審團面前辯護一樣。我必須承認，起初我覺得這種行爲非常令人惱火，幾乎到了不想蹚渾水或跟她「打交道」的地步。我講話的聲音會變得更大聲，肢體動作也會變得更激動，我發現自己回到了小時候與繼父發生的那種衝突，那是一種我必須不斷地捍衛自己並避開任何被認爲是人格攻擊的衝突。

有一天，我們在紐澤西州她八十歲的父親家，我忽然有所領悟。我看著妻子開始對她父親雞蛋裡挑骨頭，質疑他的每一句話，試圖挑出他的論點或評論的漏洞，並堅決與他辯論，直到他最終轉移話題或完全不說那件事了。看著這對父女進行著類似他們過去無數次的小衝突的爭論，我不由得暗自笑了起來，因爲這些爭論從來沒有眞正解決過。我回想起她和我之間的小分歧，並思考著衝突在我以前的關係中扮演什麼樣的角色。

接著，我突然想到：我們當中沒有任何人被教導過如何用健康又有創造力的方式進行衝突，我們當中沒有任何人被教導過解決衝突的方法，更甭說衝突可以在我們的關係中扮演重要的角色了。

在那趟兩小時回程的車上，我問當時還是我女友的妻子，她認爲衝突在親密關係中扮演了什麼角色。身爲世界頂級婚姻治療師的她說：「這個嘛，衝突對於關係至關重要。它可以建立連結和親密感，並形成兩人心理精神發展的基礎，或者摧毀這段關係和當事人。」

「那麼，你覺得衝突在我們的關係中扮演了什麼角色？」我問。

「我不知道，我眞的沒想過。但如果要我猜的話，它可能無益大過於有益。」她回答說。

我們在接下來的一個小時左右繼續交談，討論我們希望衝突在我們的關係中扮演什麼角色。最後，我們都決定將衝突視爲另一座通往連結、親密感和擴展的橋梁，透過解決衝突來使我們和彼此的關係更上一層樓。

在那一週的後面幾天，我坐下來爲我們的關係制定「衝突進行的規則」。這些基本協議爲我們提供了一個基礎，使我們可以透過衝突來改善我們自己和彼此的關係。其中一些協議很簡單，比如同意不使用謾罵的語言，以及自己爲自己的體驗/感受負責而不指責或怪罪對方。我們都同意避免使用「你從來不」或「你總是」等以偏概全或絕對性的字眼，並假設對方的意圖都是好的。當然，我們絕非完美無缺，至今仍無法完全貫徹這些協議，但它們爲我們和彼此的關係提供了在爭論中尋找方向的明確方針。

我向你提出的挑戰是，爲你們的關係制定衝突協議，並讓自己遵從這些協議。不要落入陷阱，利用這些規則或協議來對付你的伴侶，而是要以身作則。建立一個基本框架，解釋爲什麼衝突是相關且重要的；當衝突出現時，身爲男人的你下定決心要怎麼做；以及在這段關係中，什麼事是不可接受的。舉例來說，也許你成長的家庭幾乎都在迴避衝突，家人們都是採取消極抵抗的態度，從不眞正說出他們的想法或直接說明他們爲什麼覺得受傷，而是使用反諷的評論來拆彼此的台，並公然攻擊對方的人格。那麼同意直接表達、不使用消極抵抗的言論，可能是適合你的可靠協議，可以讓你學會如何更有效地解決衝突。由於大多數關係並沒有關於兩人該如何處理衝突的準則，因此當衝突出現時，他們就會回到自己的童年模式而受困在未解決的問題中，並逐漸侵蝕了關係互動中的信任。

接下來，決定衝突中「出現什麼狀況時必須暫停」。畢竟你和你的伴侶不會一直都做得正確或完美。事情可能變得激烈，有人可能違反協議，對話可能回到舊有的熟悉模式。要知道自己何時在身體或心理上已達到臨界點，無法再進行有建設性的對話。對大多數男性而言，當他們的憤怒轉移到大腦，並感到壓力或體溫升高時（額頭皺起、下巴緊縮、呼吸變得淺短，思維變得狹窄或固定在對方的行爲和動作上），便是很明顯的認知上被劫持的跡象。這表示你的神經系統和思維已經從能夠清晰認知，轉變爲更傾向於戰鬥、逃跑或凍結的反應，而這幾乎永遠不會產生解決的結果。這是一個很好的暫停時機，下定決心給自己和伴侶創造實質的喘息空間。

要去認識那些顯示你正處於認知上被劫持而需要暫停的生理跡象。你是否感覺胸口壓迫、手心流汗或雙腿想要逃跑？你的呼吸是否變得淺短，脈搏是否加快？或者你是否變得冰冷和麻木，完全與對方隔絕？在這些時刻，要有一個固定的詞句可以使用，例如：「我感到封閉，並即將暫停這次對話，但我會在＿＿＿＿＿（二十分鐘、一小時等等）後重新與你聯繫。」

最後，說得直白一點，別在你們上床的地方吵架。下定決心絕不在床上起衝突。避免在你們發生親密關係的地方，再次發生爭論或進行沉重的對話。

這些都是簡單而直接的工具，可以幫助你引導你的關係走過衝突。利用下面整合練習的模板，爲你的衝突協議制定一個大致的框架。

整合練習 15

如果你是單身，請獨自進行這個「衝突協議」練習，並思考你希望為未來的關係制定什麼樣的協議。如果你現在已經有了伴侶，請對方跟你一起坐下來，並利用以下的提示來制定你的協議：

一、當我們的關係中出現衝突時，我承諾負責的是＿＿＿＿＿＿（每個人都必須回答）。

二、對我而言，絕對不行的是＿＿＿＿＿＿（使用一個詞或簡短的句子來描述衝突中不受歡迎的事情）。

三、我知道當＿＿＿＿＿＿時，我需要暫停（描述你暫停的原因）。

四、根據上述，我們這一對的協議是＿＿＿＿＿＿。

最後，寫出或告訴你的伴侶，你真的很喜歡他們處理衝突的哪些方式。

修復與恢復

若你眞的希望在關係中扮演帶領者的角色，你就必須願意帶領修復的過程。這對情感主權來說至關重要，因爲你不是等待別人主動求和來使自己感覺良好。然而，這並不表示你必須負責解決伴侶的情緒問題，而是你要致力於熟練地帶領你們兩人一起克服那些不可避免的衝突。

決心修復，你就必須做很多事。有時候這表示你必須是第一個道歉的人，因爲你心知肚明自己錯了。要成爲能低頭道歉的人，並承擔起自己在這件事上的責任。要直接又明確地表達你的歉意，不要將責任歸咎於你的伴侶。它可能聽起來像是這樣：「我知道我錯了，對於（說了＿＿＿＿或做了＿＿＿＿），我感到抱歉。」其他時候，你則必須保持堅定和不爲所動，因爲你的伴侶只是在爭吵後測試你的界線或拒絕重新建立連結。

兩人相處，難免會有失去連結、溝通不良或不那麼親密的時候。你可能會發現自己想迴避那些修復關係的必要對話，而將重新連結的責任交給伴侶。不要陷入誰對誰錯的瑣碎爭辯，也不要浪費精神或情感的能量將自己封閉起來，坐等你的伴侶能主動搭起修復關係的橋梁或遞出橄欖枝。

身爲男人，你的工作就是保護及維護對你最重要的事物。因此，當你與伴侶長時間失去連結，或在溝通不良、親密感衰退時拒絕修復關係，那麼你的行爲就是在告訴伴侶，這段感情或關係不值得繼續走下去。最終，你的伴侶會想知道你當初爲什麼選擇了她們，並質疑你在這段感情的認眞程度，而這可能導致各種問題的發生。

在發生任何衝突之後，給自己一些時間回歸平靜、找到自己的中心。當男人的神經系統被激發、頭腦被衝突期間所釋放的壓力荷爾蒙劫持時，他是無法完全保持穩定和客觀的。因此別急著拯救伴侶的情緒，而是先給自己時間整理情緒。通常在重新投入感情之前，你能為伴侶做的最好的事，就是整理好自己的情緒起伏。

安靜地坐下來，用呼吸的方式來覺察你和伴侶發生衝突後的強烈感受。注意身體的感覺，以及什麼是你覺得似曾相識的。你是否像以前在學校跟其他孩子發生衝突時那樣，想要封閉自己及逃開？你是否因為伴侶沒有認可你或是沒給你想要的肯定而感到憤怒？要盡最大的力量與那些強烈的感受共處，而不把關係破裂的責任歸咎於伴侶或你自己。只要回到身體的感受（胸口或臉上的熱度、腹部的收縮、雙腿想要跑開或移動、雙拳緊握），並讓自己用呼吸的方式來覺察它。

用鼻子吸氣兩次（第一次深入丹田，第二次深入胸腔），然後用嘴巴慢慢吐氣。這樣子做三至五分鐘，將焦點和注意力放在身體有強烈感覺的地方，並讓它擴大和收縮，然後隨著每次的吐氣而慢慢消散。這樣做的目的是要讓你面對自己的感受，因為在發生衝突的期間或之後，你往往會變得麻木或想逃避它。

一旦你恢復了調整的感覺、身體也回歸中心時，問自己：「我在這件事中扮演什麼角色？我能怎樣修復它？哪些是我該承擔的責任、哪些不是？」這是你回歸平靜後，在書寫日記時可以善加利用的良好提示。

最後，在嘗試修復關係時，不要強求、要求或生悶氣。當伴侶準備好時，要明確地讓對方知道你已準備好重新連結並承擔自己的責任，但你不會強迫她們回到對話中。

別忘了，恢復某個東西就是把它帶回到原來的狀態，甚至是更好的狀態，而我們要以更好的狀態爲目標。

8

不忠與色情

「外遇是某種形式的自我探索，是對新的（或已失去的）身分的一種追求。對這些尋求者來說，不忠通常不是問題的症狀，而是更常被描述爲一種可以帶來成長、探索和轉變的豐富體驗。」

——埃絲特・沛瑞爾（Esther Perel）

我幾乎每一段感情（不論在一起的時間長短）都出軌過。單身時，我總是和多個女人交往；當我進入一段關係後，很快就會吸引其他人與我暗中發生性關係。我喜歡性，我享受這種追逐，並發現自己把性愛當成一種慶祝、破壞、感覺更好、提高自我價值和麻痺的手段。我對自己的行爲感到非常羞愧，但同時又對自己的一舉一動漠不關心，並陷入一種思維的陷阱，認爲「會出軌的人就永遠會出軌」。而現在我相信這完全是胡扯。

我跟那些我深深在乎的女人建立了有意義的感情關係，但我卻「無法阻止自己」沉溺在關係之外的女性。隨著社群媒體和約會應用程式的興起，我幾乎可以偷偷地跟無數的女人認識、約會、睡覺或當炮友。

我質疑自己是否能在一段關係中只靠一個女人來滿足我的需求。我也發現這是許多男人都會捫心自問的問題。

對我來說，一夫一妻眞的可能嗎？也許我天生就不適合一夫一妻？也許我的性取向是反對一夫一妻的，無論它意味著什麼。但即使是這樣，這仍無法解釋為什麼我對忠誠的感情有著深切的渴望。我渴望忠誠的感情帶來的那種親近感和情誼。這整件事令人困惑不已，總是讓我產生更多的疑問而不是答案。

多年前，我在TEDx的一場活動中演講，聽到另一位演講者，一位名叫莫琳・麥格拉斯（Maureen McGrath）的性治療師說：「男人出軌是為了留下，女人出軌是為了離開。」這真是一針見血的說法，因為我聽過很多男人說，外遇是他們滿足某種需求或渴望的手段，而他們認為這些需求或渴望在他們的關係中是不可能實現的。

回顧過去，我會看見在某些情況下，我會對交往的對象隱瞞我的需求和想法，並且會繼續維持這段關係比預期的還久，但其他的情況則否。確實，有些男人外遇是為了滿足特定的需求和幻想，並且通常是他們認為在現有的關係中無法滿足的需求。然而這並非普遍的現象，往往也不是事情的真相。

不忠的真相

通常跟感情本身比起來，不忠與你自己（你內在的自我）更有關係。這些年來我所輔導過的男士們總是發現，不忠是他們與自己內在的某種東西和解的一種形式，而這些東西是他們一直在迴避、忽視、害怕或難以接受的，那是他們想要卻沒有提出要求或採取行動來創造的東西，抑或是他們一直在容忍、卻在關係中造成了隔閡的東西。沒錯，在大多數情況下，不忠顯示了關係中有某種東西缺失、運作不良或可能不足，但只要深入觀察的話，你會看到一個男人對這種缺失負有責任、容忍了它或完全忽視了它。說明白一點，我的意思不是說你這個男人對所有形式的不忠負有全部的責任；我要說的是，你應該仔細關注不忠教導了你關於你自己的哪些眞相。

以萊恩爲例，他已經結婚數年，並在母親過世後開始出軌。母親的去世對他打擊很大，因爲他從來不認識自己的父親，這使他在這世上感到莫名的孤單。他透過上網與女性連結來分散注意力及麻痺自己——使用聊天室、付費虛擬性愛、在社群媒體上不斷地和女性聊天。後來他迷戀上了一個在社群媒體上聊天的年輕女子，並被妻子發現了這件事。出軌的羞愧打破了他內心壓抑著的對母親去世的哀傷，以及對自己的父親一無所知的憤怒。他一直在壓抑這兩件事，假裝它們對他「沒什麼問題」，但其實他從未眞正解決它們。

另一個例子是傑瑞德。他跟伴侶交往一年半後，與歐洲的某個人發生了短暫的網戀。他以前從未出軌，但他的網戀對象說的話深得他心，並以一種令人陶醉的方式在關心著他。在成長的過程中，他幾乎被那對工作狂的父母忽略了，而後來交往的對象也同樣是將工作置於感情之上的女性。與某人的持續連結，即使只是在電腦上，已成爲他無法抗拒的快感。很快地，他就在網上與多人聊天，而他的短暫戀情也成爲一種獨立的祕密生活。

多年來，丹尼和他的妻子在性方面一直存在著問題。從他們的感情關係一開始，丹尼就一直批評妻子對性的渴望遠不及他。這並不完全正確，但丹尼已經深信這就是事實。他對她越來越感到不滿和憤怒，拒絕她進一步的親近，並不斷地抱怨她對性的渴望不夠，經常將她完全拒之門外。他認爲他們之間的差異已經無法調和了。丹尼會有好幾週、有時候甚至好幾個月不跟妻子進行魚水之歡，並且會告訴妻子她沒有滿足他，卻又拒絕她的進一步親近。

在我輔導丹尼一、兩個月後，他的妻子透露，她在幾個月內斷斷續續有了外遇，直到最近才結束。丹尼既震驚又生氣。起初，他對妻子不滿足於他而與其他人發生性關係感到非常憤怒。但隨著我對他們夫妻進行了輔導，丹尼開始意識到自己多年來的抱怨、批評和拒絕妻子所造成的傷害。她描述了自己多年來爲了在性方面滿足他所做的種種努力——幾乎每天都試圖主動求愛，但都遭到他的拒絕，還會因爲她的努力而被他批評。事實上，丹尼從小就經常受到母親的批評和言語虐待，於是他開始了解到，他將小時候對母親的憤怒和傷心轉移到成年後的妻子身上，但出於對親密的恐懼，他逐漸將妻子推開。

弗洛伊德是他的公司的下一任執行長。他在那裡工作了十年，除了妻子還有三個孩子，但他在辦公室和一名女同事斷斷續續發生了四年左右的婚外情。弗洛伊德從高中到大學可以說是拘謹又保守的人，只專注於自己的事業發展。不過也因爲這樣，他一直覺得自己錯過了那「性愛派對的歲月」，幾乎沒有交往過幾個女生。另一方面，他的妻子在大學時期有過豐富的探索，她的性伴侶比弗洛伊德的多出三、四倍，這使他感到嫉妒。他和妻子有正常的性生活，但他在女同事身上所感受到的那種權力和控制感，爲他帶來了極大的刺激。女同事想要被使用，而他也樂意效勞。她會給他發訊息，約在會議結束後到門房的置物間找她，然後他可以想要對她做什麼就做什麼。女同事也是有孩子的已婚婦女，但她在婚姻中並不快樂。經過幾年的暗通款曲後，女同事連續幾個月向弗洛伊德提出希望他離婚的請求。當他拒絕了她，並完全結束這段婚外情，於是她提出性騷擾的指控，導致弗洛伊德的婚姻和事業都陷入停頓。弗洛伊德不得不弄清楚，爲什麼他會與一個他明知自己不會想要在一起的女人搞婚外情，以致毀掉自己所愛的一切。

人們出軌的原因就跟出軌的人數一樣多，我發現並沒有一個具體的規則或原因可以解釋，但大多數都有以下的共同點：

- 不安全感或自尊心低。
- 釋放爲了避免衝突而壓抑的能量/情緒。
- 在關係中感到被囚禁或失去力量。
- 性方面的需求、欲望或動力有所差異。
- 在主要關係中缺乏性滿足。
- 對主要關係缺乏承諾。
- 對婚外性行爲持不同的態度，並且沒有進行溝通。

- 與主要關係缺乏情感的連結或滿足。
- 想要逃避經濟、家庭或工作的壓力。
- 享受追逐的刺激，渴望與其他人發生性關係。
- 機會出現時的好奇心。

除了常見的不忠原因之外，還有現代感情關係的不良現實。現代文化和主流觀點的論述爲感情和婚姻帶來沉重的責任，亦即關係中的每個人都有義務成爲對方的一切，這導致無數人都表現得好像自己的伴侶本來就應該滿足他們所有的需求似的。就這樣，人們在感情關係中必須同時扮演戀人、朋友、彼此的人生教練、啦啦隊長、心理治療師、值得信賴的顧問等多重角色。而科技也將約會變成一種遊戲，媒體則用不切實際的、迪士尼式的期望來對婚姻加油添醋，於是有太多人在伴侶無法使他們開心或無法滿足他們不切實際的期望時，就會毫不猶豫地轉向下一段關係。我們將不忠者妖魔化，並鼓勵人們只要有稍微的不愉快就應該分手，甚至會直播抓姦現場來進行公開的羞辱。不忠變成了廉價的娛樂、報復的手段、消除無聊的方法，以及一種不必進行艱難的分手談判就摧毀或退出一段關係的方式。

將不忠從陰影中解放出來

記得我開著租來的車子，身邊坐著我最後一次對她不忠的女人。她坐在副駕駛座上哭泣，我則呆望著前擋風玻璃。當時我們正在度假，而這本來應該是我們重修舊好的旅程，因爲這距離我上次的「不檢點」已經接近一年，可是她還是再次發現某個過去曾與我發生關係的女人發來的訊息和照片。這一次我雖然沒有身體上的不忠，但發送與性有關的訊息和裸照同樣對我們的關係造成了傷害。當我在空曠的公路上開著車穿越夏威夷美麗的熱帶叢林時，我感覺自己陷入了僵局。

又一個女人受傷、又一次的心碎和背叛，再次證明我依然無法控制自己。記得當時我就有明顯的直覺，知道這些對話遲早會發生。與我交往的女人會發現這些訊息、照片或其他出軌的證據，而我會開始擔憂起來。

「爲什麼我不能改變？爲什麼我老是幹這種蠢事？」我會這樣問自己。

眞相是，有一部分的我對這種事樂在其中。這是一種典型的愛恨關係。我同時覺得自己有如處於世界之巓，卻又像是最大的垃圾。

對我來說，不忠是強化我多年來一直相信的某個故事的方式（相信我是破碎、惡劣、錯誤、不値得的），同時也虛僞地增加了我的自信。大多數人根本無法從我的外表看出來，但我的內心其實是一團混亂。事實上，我出軌並不是因爲我想要結束一段關係，或是在性方面有所不足。我之所以經常出軌是因爲我討厭自己，而不忠剛好成爲強化我對自己的憎恨和羞愧感的完美工具，同時又能爲我提供虛幻的、短暫的自我價值和自尊感。至少可以說，這是一種奇怪的結合。

然而，就像任何一種上癮物或毒品一樣，它給我多少愉悅的感覺，就會帶給我多少像吸食古柯鹼後的羞愧感和痛苦，而這似乎是我無法抗拒的。

我受傷了，而且是很深的傷。當然，性是愉快的，其中有些冒險也令人難以忘懷。可是我卻一團糟。我感到失控、缺乏誠信，最終覺得孤單。也許不忠並不是你的問題，或者從來就不是你的問題，但你肯定在人生的某個時刻也有過這種感覺——失控、無法作出正確的決定，而就在你拚命地抓住某種形式的救贖時，卻又很快地墮落了。

你最不想做的事就是揭露自己的行爲，但你必須這麼做。無論是向朋友、諮商師、人生教練或治療師，承認及揭示你隱藏在生活背後的行爲，這對於任何改變來說都是必不可少的。坦承是解脫的第一步。有時候，坦承也是突破我們男人違背了自己的價值和道德時，所累積的羞愧、內疚和自我憎恨的堤壩的唯一方式。坦承並對自己的行爲負責，就像是用來刮去性格表面那層層謊言的鋼絲球；只要你想看清底下是什麼東西，它就是必不可少的。

坦承一直都是我最不想做的事，但我知道它是改變必須做的第一件事。

我逐漸領悟到一個簡單的事實：迴避使你變得虛弱，承擔則增長你的力量。搞定困難的事，否則困難的事就會來搞定你。這是人生的眞實鐵律。

不是我想要逃避謊言，而是我想要逃避眞相——我的行動、選擇，以及我對自己的看法的眞相。

也許對你來說，這是顯而易見的事；也許你在閱讀這些字句時，帶有一種我能理解的冷漠。但對我來說，這是一場眞正的戰爭。這是我每天都在打的戰鬥，是沒有人知道我的內心正在激烈進行的戰役。羞愧成爲我身心裡將眞相吸進去的黑洞，使其永遠消失蹤影。

就像彼得潘一樣，我是這世界走失的男孩，並想藉由女人的陪伴來分散注意力，以遠離生活的殘酷現實。我感到內心的空虛，但又不知該如何應對。因此我盡可能地灌醉自己，並將注意力分散在身邊的這些美女身上，好讓我能暫時假裝忘記我對自己身爲男人的看法。我希望能爲你畫出更有吸引力的畫面，我的小我仍想要讓它聽起來比事實更加迷人，但那將也是一種謊言。

事實上，除了泡馬子外，我並不喜歡自己的男人身分。我的人生沒有方向和目標，我對待自己的身體就像垃圾筒一樣，並堅信自己注定會過著失敗又平庸的生活。出軌是我可以逃離自己那糟糕的人生的幻想世界，它就像是一個遊樂園，我可以在那裡短暫地感受到某種東西。麻木、崩潰和無聊已成爲我清醒時的生活常態，而我可以在這個遊樂園感受到完全不一樣的東西。

如同梭羅說的：「大多數的人都活在沉默的絕望之中。」

我就是其中之一。我生活在悄無聲息的絕望與鋌而走險中，而出軌讓我相信我在爲自己的人生做些什麼，彷彿與無數的女人上床能以某種方式塡補我那漫無目標的生活的空虛。別誤會，在創造有意義的生活的同時，四處約會來享受積極的性生活是一回事，然而當性愛、女人或約會成爲我們尋找生活意義的手段時，我們就必然會感到不滿足與不知足。

那麼，我是怎樣終止出軌的循環呢？其實，我就是做了本書所說的功課。但更具體地說，我坦承了自己的行爲、將過去一筆勾銷、停止假裝自己是「好人」，並開始努力讓自己成爲我深深尊敬的男人。

當我們從搞砸的假期回來時，我做了一件自己從未做過的事。我進行了一場大清洗。我檢查了所有的社群媒體帳號，刪除並封鎖了那些我知道會誘惑我的女性，與我過去欺騙或出軌的女人進行和解的對話，並選擇向我一直在哄騙敷衍的那些女人坦白。我坐下來與生活中的男性友人交談，告訴他們我一直在幹的好事，並宣示我打算做什麼來糾正這一切。

我不再抱有「這次會不一樣」的心態，因爲我知道這只是自己過去無數次所相信的錯覺和虛假故事。

不論你是被出軌的一方、還是出軌的人，你都必須面對某些難以接受的眞相——那些你不願意承認的關於你自己、你所處的關係、以及你交往的對象的眞相。

同樣的，你也可能必須用毫不留情的誠實來改變、塑造及完善自己，就像用粗砂紙來塑形和拋光一樣。

無論你是出軌者、還是被出軌的人，這件事揭露了關於你的哪些眞相？你是否在容忍性連結的缺乏，卻又不敢採取行動來改變這種情況？你是否一直在將就那些你其實並不喜歡的生活或活動，因而想尋求某種刺激或冒險？你是否縱容自己的幼稚行爲而引發衝突和持續的爭吵，並導致你們兩人漸行漸遠，直到你爲自己的出軌尋找藉口，因爲你擔心失去她，也害怕承認你是問題的根源？

如果你允許的話，出軌其實可以揭露出你想要的關係類型，以及你一直渴望的性愛形式。它將促使你面對那些可能使你違反自己的道德和倫理規範的隱藏欲望、羞愧和孤單，同時也可能是你定義男性倫理規範的機會。雖然這可能意味著這段關係的結束，但也可能意味著更強大的新關係（以及你）的重生。

色情

在閱讀本節之前，我想先澄清一件事：我眞的不想跟你辯論關於色情或是你對色情的看法。接下來的內容並不是試圖說服你接受某個觀點或是讓你相信我的看法。根據多年來與男性探討色情素材的經驗，我知道這是極具爭議性的主題，許多男人可能會生起防禦心、反彈、封閉或開始宣傳他們的信仰。以下的內容是基於個人的體驗、專業的研究，以及多年來我輔導過的數千名男性的經驗。如果你持有不同的看法，那很好，沒問題；如果你完全同意，那也很好。我向你提出的挑戰是，保持開放的心態並尋找對你眞正有幫助的東西，這不僅是爲了強化你既有的信念，同時也是去找到那能改變你與色情、性愛或自己的性欲關係的具體事實。

另外，我想坦承一件事：我對色情是懷有偏見的。爲什麼我知道呢？因爲它在我的人生中扮演了重大的角色。我十二歲開始知道有這種東西，到了十五歲時幾乎每天都觀看（有時甚至長達數小時），每一段感情關係中還是有使用它。將近十七年的時間裡，我一直無法擺脫對它的沉迷（有些男人可能了解這一點）。色情以前是我的首選藥物，主要是因爲我說服自己相信它是無害的——除了有時我會熬夜觀看色情影片直到凌晨三點，因而損害了我的睡眠、健康、心態，以及隔天的學業或工作會議。事實上，色情可以說是我的避難所、情婦和幻想世界，讓我能暫時忘記金錢、事業或感情上的問題。它是我可以感覺更好、麻痺一切、忽略壓力、有掌控感的地方，同時也是一種不斷地讓我更加相信「自己有問題」、「永遠無法收拾好自己的爛攤子」的行爲。

當然，對大多數人而言，色情未必是壞事或是錯誤的。也許對你來說，它是一種娛樂形式，以及一種低風險、低付出的方式來滿足你的欲望或需求的方法。你可能從來不看色情的東西或只是偶爾看一下，幾乎不帶任何的擔憂或關切。你可能以前有某段時間經常觀看色情的內容，後來就完全不看了，或者你可能無法在沒有它的助興下進行自慰。

無論你有多麼常看色情的東西，我曾看見它成爲某些男人不敢與妻子或女友進行他們想要的性愛的原因，那是他們覺得被女人拒絕時所使用的工具，以及他們了解在床上應該如何「表現」的資源。對某些伴侶來說，它也是一種增添情趣、嘗試新的幻想、了解新的欲望，以及可以從專業人士那裡獲取關於如何加深性連結的眞正教育的資源。因此說色情是一個複雜的主題或話題，其實是低估了它的豐富性。

話雖如此，當談到我們男人使用色情時，我認爲大衛．福斯特．華萊士（David Foster Wallace）對此做了最好的總結。他說：

> 是的，手淫是用手在進行肌肉運動。但我認爲你其實是在腦海中放映電影。你在跟不存在的人建立幻想的關係……純粹只是爲了刺激神經反應。因此在未來的十至十五年內，隨著網路的發展……以及虛擬實境的色情成爲現實，我們將不得不在體內安裝某種裝置……來關閉純粹的愉悅快感。否則的話，我不知道你的狀況會怎樣，但我可能會撒手人寰。因爲科技只會變得越來越高超，它會變得越來越容易……而且會變得越來越方便、越來越爽快……只要獨自坐在螢幕前看影像……這些影像是由那些不愛我們、但想要我們的錢的人提供的。這偶爾當小點心吃就還好，但如果它成爲你的主食，那麼你會死的。

我不得不同意大衛．福斯特．華萊士的觀點。如果色情是你性生活的主要成分，那麼在消耗這些代替自然又營養豐富的性連結的空熱量（empty calories）後，你總是還會感到飢餓。不過，這也帶來了一項挑戰——眞實的性愛必須努力追求才能獲得，而色情內容的獲取卻毫不費力。這是大多數男性面臨的問題：我們文化中的過度馴化和速食心態已滲透到我們追求性和伴侶關係的方式中。許多男性變得非常脆弱、恐懼或沮喪，以至於他們覺得在公共場合主動接近女性是不可思議的事，尤其是當他們最喜愛的成人社群平台OnlyFans女友將隨時滿足他們的任何幻想時。但它並不是免費的，也不是眞實的。

可悲的事實是，有更多的男性正在轉向數位性愛，這是前所未見的。二〇一八年的一項研究顯示，自二〇〇八年以來，三十歲以下的男性自十八歲以來沒有任何性行爲的比例幾乎增加了三倍，達到28%；同時在過去十年間，處男的數量也從二〇〇八年的8%急增到二〇一八年的27%，這在十年內算是相當可觀的增長。

明確地說，有許多因素在起作用：女性的喜好和同伴選擇發生了變化、約會應用程式的興起、男性上大學的人數減少，以及現在大約有35%十八至三十四歲的年輕男性與父母同住，而不是與伴侶同住。話說回來，虛擬性愛和色情內容的方便取得，也使選擇退出約會場景而進入免費或付費的虛擬性愛世界變得比以往更加容易。

也許你已經在生活中感同身受。畢竟尋找交往的對象或在性方面進行探索是有難度的。你可能已經處於一段關係中，並想要探索某種特定的性幻想或角色扮演，但卻不敢開口。你覺得自己沒有能力溝通這種事，甚至無法質疑它是否是你眞正想要的，因爲你只在色情素材中見過它。你希望在性方面表現得大膽一點，卻又無法付諸行動實現自己的願望，於是你只好坐在馬桶上或晚些時候躲在辦公室裡，打開三十七個瀏覽器標籤，而它們都展現出你的性欲的某一面。

再次重申，這並不是要把色情妖魔化，而是要毫不留情地對自己使用它的原因、它對你的性生活造成的影響坦白。同時那也是一種提醒，讓你不會忘記觀看色情內容是不需要技巧的，但要進行眞實的性愛並保持充實的性生活則需要眞正的技巧、努力、持續性和適應能力。要在性愛的領域中成爲高手，就必須付出努力、訓練和實踐。就好比你想在運動或愛好方面表現出色，就必須努力發展各種必要的技巧才能精通。性愛也不例外。它需要不同的技巧才能實現，並且是以一種對雙方都好的方式實現。

要了解我們使用色情的原因以及如果你想擺脫它的話，就必須對觀看色情內容時你的身心發生的變化有基本的了解。

色情影響下的大腦

色情一直都存在，並且有其存在的道理：它在基本的、生物學的層面上觸及我們大腦中一些最古老和原始的部分。那麼，這有什麼大不了的呢？

色情就是所謂的「超常」（supranormal），也就是說，它超越了大腦正常的輸入量。它將性的所有機械層面和代謝層面提高到極致，同時又降低大部分的自然平衡。基本上，這意味著你能獲得性行爲帶來的所有神經化學和生理的反應及好處，卻不必承擔有人在場的固有風險。這表示你可以跳過任何可能導致羞愧、尷尬、期望落空或其他不良後果的事情。

然而，僅僅是這樣對大腦並不會構成問題，因爲我們已發展出高適應性的身心，可以偶爾應對一些極端超常的事物。畢竟，超常又不是超自然。舉例來說，吃一頓感恩節大餐就是超常的晚餐。當面對這些偶爾的過度消費或過度刺激時，我們的整個系統會日以繼夜地努力平衡我們、保護我們的健康，並清除突然的變化所帶來的任何持久性影響。

不過，當某種超常變成「常態」的時候，你的身體便會對那些持續的刺激作出「負調控」（downregulating）或是降低你的反應能力。例如連續兩個月暴飲暴食，你就會產生胰島素阻抗、體重增加，身體將很難分解那些過量的食物。你可能會變得越來越無精打采、提不起勁，因爲你的身體一直處於超過其分解能力的狀態。同樣的，持續地沉溺於色情，廣義來說，你將對做愛時釋放的那些神經傳導物質，如多巴胺、催產素、泌乳激素等等產生阻抗。

這當中，眞正令人驚訝的是多巴胺。有大量的研究和書籍描述了多巴胺的角色，但我試著用精簡的話來說：多巴胺是影響眾多神經元交流的一種神經調節物質或大腦化學物質。包括你閱讀本書時的感覺，它也在其中扮演了至關重要的角色，並影響著你的動機和渴望的程度，包括爲某事付出努力及克服努力過程中的阻力的意願。多巴胺對身體的運作非常重要，甚至可以影響你對時間的感受。

史丹佛大學神經科學教授安德魯·休伯曼（Andrew Huberman）博士說：「多巴胺水平是我們

有多麼積極、多麼興奮、多麼外向、以及多麼願意主動投入生活並追求事物的主要決定因素。」如同俗話說的，多巴胺渴望的只是更多的多巴胺，它是「追求更多」的化學分子。

現在，你的體內正循環著某種基準的多巴胺。這個多巴胺水平可能依據你的行動而增加或減少。現在，假設你引入一種超常的體驗，例如觀看色情內容。它可能會提升或竄高你的多巴胺基準水平，使你的身體在一段時間內達到水平的高峰，而這段時間內你會感覺很好。然而，每個高峰都有下墜的時候。在經歷多巴胺的水平高峰後，其殘留的副作用是你的正常基準會稍微降低一段時間，使你處於負調控的狀態。

有越來越多的研究談到經常迫使大腦進入這種負調控狀態的後果，其中大部分的結論都不太樂觀。

- **它可能影響承諾**。二〇一二年，《社會與臨床心理學期刊》（*Journal of Social and Clinical Psychology*）發表了一項研究。在研究過數百對的年輕成年情侶後，研究人員發現，觀看色情內容的時間與對伴侶的承諾感降低之間存在著相關性。色情的重度使用者更容易與關係之外的人頻繁地調情，其不忠行爲的發生率也更高。若將以下的發現納入考量，這也就說得通了。
- **它會影響腦容量**。兩年後的二〇一四年，柏林盛譽卓著的馬克斯普朗克研究院（Max Planck

Institute）的研究人員發現，觀看色情內容的時間與腦中的右尾狀核的體積之間存在著「明顯的負相關」。右尾狀核是大腦中幫助我們學習、設定目標、以及（更重要的是）確定感情關係方向的部分，也是非常古老的部分。簡言之，觀看大量的色情內容後，用於完成這些功能的神經元數量變少了。這也是爲什麼如果你經常看色情的東西，你就會變得不那麼有動力並且更容易分心的其中一個原因。

- **它會影響男人的性「劇本」**。研究還發現，這種負調控會改變我們對性的感知方式：性應該是什麼樣子、我們需要什麼、伴侶需要什麼、我們看起來應該是什麼樣子，以及我們應該如何接近它。換句話說，色情內容重寫了你的認知常規程序。

一項針對全美各地大學年齡層的男性研究顯示：「男人觀看的色情內容越多，在性行爲中使用色情素材的可能性越高，也更可能要求伴侶進行特定的色情性行爲，並在性愛的過程中刻意想像那些色情的畫面來激起性欲。」此外，他們還發現，高度使用色情內容與情侶間的性愛享受程度之間存在著負相關。

這些研究僅是冰山一角。這些年來還有多項研究指出，高度使用色情內容會增加憂鬱症、勃起功能障礙、請病假和整體健康水平下降的發生率。

我要強調的一點是，我閱讀的所有研究都是針對重度使用色情內容的情況。我們說的是每隔一天，但通常是更加頻繁的情況。那些偶爾使用色情的男性（例如爲了與伴侶增添情趣或是在自慰時爲自己助興），往往表現得很好。再次強調，面對某些超常的行爲，我們的身體是有適應性的。

但總體而言，科學研究的結論是，色情的重度使用會因爲負調控及我們對快感的整體反應減弱，而對男性的生活品質造成顯著的負面影響。就大腦而言，你確實是好事不嫌多。

除了科學、數據和化學作用外，還有你的日常生活體驗。

色情素材是確保你得到自己想要的東西而不會受傷的簡單方式。搜索放蕩的色情影片並不會帶來任何的風險（除非你忘了打開無痕模式），但這樣的後果是，你永遠不必接觸到自己在性方面的恐懼——對親密的恐懼、被拒絕的恐懼，甚至是得到你眞正想要的東西的恐懼。

這意味著學會面對自己那些與親密相關的恐懼至關重要，否則，你將更有可能去合理化自己再次觀看色情內容的理由。

擺脫對色情的依賴

好的，如果你已決定不再使用色情素材，那麼該如何擺脫這個習慣呢？事實上，這就是難點所在。正如許多男人逐漸了解到的那樣，這可能沒有你想像的那麼容易，因爲你的多巴胺系統已經與觀看色情內容的行爲緊密相連在一起了。有些男人用色情來自慰已經很長的時間，以至於他們幾乎想不起來上次沒有靠色情素材來打手槍是什麼時候了。

幸好，你可以採用一些方法。以下是我使用過的策略，也是我輔導過的無數男性獲得實質效果所採用的方法。

首先，了解你觀看色情內容的習慣。多年來我輔導過的所有男性，他們在色情的使用方面都有一個模式。他們會出於特定的原因，在特定的時間和條件下觀看，而這通常會根據他們想看的性內容種類而有所變化。有些人會在早上的第一時間觀看色情內容，而其他人則習慣在睡前觀看。你可能會在特定的房間裡或以特定的姿勢（坐著、站著、躺著）觀看，並且驚訝地發現，你使用色情的方式已經成爲一種儀式。

對大多數男性來說，工作上或人際關係中的高度壓力和失敗，可能會觸發他們想看色情內容的欲望，而這可能是儀式的一部分。事實上，他們在觀看色情內容之前，幾乎總是有某種情緒或感受——感到無聊、麻木、擔憂、焦慮、憤怒、寂寞或疏離。是的，有時候你只是好色而一時興起，但對於那些一直想戒掉色情並爲此掙扎不已的男性來說，通常是因爲色情幫助他們逃避痛苦（疏離感、焦慮、憤怒等等），同時又帶給他們放鬆和釋放的愉悅。對某些男性來說，色情已經成爲一種調整情緒、身體和神經系統的方式，但這是以犧牲他們的性和親密關係爲代價的。

我曾輔導過一位男士，他會等到妻子入睡後（她比他早就寢），將自己鎖在樓上的浴室裡看色情內容。他通常會把燈光調暗，並在地板上鋪一條毛巾，以備在馬桶上坐累時可以使用。這是他從十三歲起就一直有的習慣。隨著我們探索他看色情內容的習慣，他發現在壓力巨大及與妻子爭吵的日子裡，觀看色情內容的衝動（幾乎是難以忍受的），要比夫妻關係處於良好狀態時高得多。對他來說，看色情的東西已成爲「照顧自己」的方式，就像泡澡或按摩一樣。這是當他與自己娶的女人明顯疏離時，讓自己感到與女性「連結」的方式。

花一點時間詳述你看色情內容的儀式，包括地點、時間、原因和方式。

接下來，在你更了解自己看色情內容的儀式之後，透過多巴胺禁戒（dopamine fast）來改變這個儀式。這意味著在這段時間（至少三十天）內不看色情內容，甚至在戒禁期間完全不自慰。我發現這對許多男性來說非常有益。如果你是經常看色情內容的人，最初的七到十天你會覺得這幾乎不可能做得到。堅持下去。如果可能的話，找一個可以監督你的夥伴或是可以陪你走過這段經歷的人。

最後，用更有創造性的習慣來打破你的色情儀式。當你產生看色情內容的欲望時，確保你有其他的事情可以做——靜心、呼吸法、有創意的計畫或體育活動。如果你處於一段關係中，也可以把性能量帶給你的伴侶，而不必有任何的預期或需要特定的結果。也許你們親吻愛撫並感受性欲的逐漸高漲、採取進一步的互動，或是挑逗你的伴侶看看是否能喚起她們的回應或性欲。

坦白說，這個過程我是經過一次又一次的嘗試、數不清的挫折、以及眞正的投入才實現的。也許對你來說會更容易，我眞誠地希望如此，但要知道這絕非易事。你也許可以三十天不看色情的東西，但卻發現自己更常自慰，並對伴侶、朋友或同事變得更容易起爭執和易怒。堅持下去。用你在本書中學到的一些工具來調整你的神經系統、健身、練習呼吸法，或是在這三十天致力於與伴侶維持健康的性連結。

除了你可以對色情的使用做出策略性的調整外，你也可以進行一個必要的、並在心理上具有難度的部分，那就是與伴侶一起探索你的性欲望。這是我們在下一章要深入探討的內容。

整合練習16

你的色情／虛擬性愛的儀式

詳細描述你的色情儀式的樣貌。說明要具體一點，包括從你必須在哪裡做，到你必須使用什麼東西的具體細節。

問自己：在看色情內容前，我通常有什麼感受？例如，我往往感到＿＿＿＿（壓力、不堪負荷、焦慮、無聊等等）。

將這個儀式跟你的男性團體成員分享，並討論你在那些時刻真正需要的是什麼。進行為期三十天的「多巴胺禁戒」來重設你的系統。在瀏覽器和手機上限制色情內容；透過男性團體或朋友找一位監督的夥伴；在你想看色情內容的時候毫不留情地坦白，並說出當時的感受。你也可以從進行為期一週或兩週的禁戒開始，但要試著逐步增加到三十天。

想看色情內容的時候，要有一個明確而直接的處理程序，例如：「我會發訊息給我的監督夥伴。」

檢查自己是否真的激起性欲，或只是感到＿＿＿＿＿＿＿＿（無聊、寂寞、悲傷、憤怒、焦慮、壓力、麻木、不堪負荷）。

做一件有創造性的事。例如：靜心、呼吸法、沖冷水澡、讀書、健身等等，而不是看色情的東西。

最後，慶祝自己的進步。你必須練習看出自己在這個過程中取得的小小勝利和改進。我們的目標不是要在你疏忽或失敗時對自己施以嚴厲的懲罰，而是要重新設定、慶祝你正在取得的進步，並重新專注於你的目標。

9

性的自由

「性充滿了謊言。身體試圖說出真相，但往往受到規矩的打壓而無法被聽見，並被僞裝綑綁而幾乎無法動彈。我們用謊言削弱了自己。」

——吉姆・莫里森（Jim Morrison）

你，就像大多數男人一樣，可能渴望性的自由——表達、探索和體驗的自由；選擇與誰在一起、跟他們做什麼、以及你想體現哪一種性表達的自由。許多男人在談到自己的性活力或性能量時，感受到的主要挑戰是那種不知所措的感覺。對男人來說，感到性能量旺盛卻又不知如何處置，是很常見的事。有時候會感覺有著無法控制的欲望、幻想和強烈的性能量。此外，有些男人與他們的性部位完全失去連結也是常有的事。你可能對自己的性欲有過這樣的感受：當你允許自己去思考關於性的事，你會嘗試限制自己感受到多少性的力量，並盡力去「控制」自己的性能量。也許你已經花了多年的時間試圖控制早洩的問題、對自己的陰莖大小感到羞恥，或者相信自己缺乏性經驗是個問題。

不用說，男人與自己的性能力的關係，充分說明了他這個人和他正在走的旅程。

你可能有一些被認爲是禁忌的渴望或欲望，或者你可能在極爲嚴肅的宗教環境中長大，關於性的話題也僅限於生育，其他的則都不能說。我輔導過的所有男性，他們都有性解放的深切渴望。他們渴望從成長過程中的性約束、虐待或長期關係中所陷入的性壓抑和單調中解脫出來。

你可能想在臥室裡成爲君主的化身，擁有一個崇拜你、對你百依百順的伴侶；你可能想玩權力和性支配的遊戲，或者幻想自己平時的權力被剝奪而扮演屈從者的角色。也許你有想要實現的特定幻想、想要聽到的話語，或是引起你性欲的地點和方式。

舉例來說，你可能想要重新點燃或加深你與伴侶之間的欲望和強度。你們已經在一起好多年了，但你壓抑了自己的性渴望，並讓自己性能力的活力枯萎及變得厭倦。你對性幾乎沒有興趣，感情關係大部分都變成友誼。在某種程度上，你一直在等待伴侶主動或表現更多的興趣，因爲你覺得自己在性方面並不討喜。也許你變得充滿怨恨，並且深信什麼都不會眞正改變，即使你非常渴望改變。這裡的問題是：你是否能成爲那位帶頭回到性連結的人？如同研究所顯示的，大多數女人的性欲激起是反應性的。基本上，這表示她們的性欲激起通常是在某種刺激或參與之後發生的；而男人則擁有自發性的性欲，他們可能因爲觸碰、氣味或看到什麼而突然激起性欲。

你能否突破自己的挫折感，再次將伴侶視爲性感尤物，並重新連結你對她的激情和幻想？你能否冒著被拒絕的風險，透過在互動中引入感性的觸摸和嬉鬧而推動微妙的進展？你能否感受到自己的性欲激起時在胸口、腹部和下體的熱度，並讓你的欲望透過你們之間的互動表現出來？對某些男人來說，他們最大的困難是如何克服抗拒而將性能量帶出來；而對其他男人來說，引導性能量並與之合作的能力是他們努力的目標。

不論你的渴望是什麼，我們的目標是去了解你的性自由的樣貌，並與你的伴侶一起實現它——

只要你的伴侶對這個探索有意願、渴望和開放性。

不要妥協於你在關係中希望擁有的親密感和性的連結，否則它很快就會變成你想要逃離的牢籠。這或許是有難度的想法，因爲你可能從未在瀏覽器之外探索過你的欲望，因此告訴伴侶你多年來一直暗自渴望的事可能非常具有挑戰性，但這卻是正確的做法。你可能還採納了這樣一個信念，認爲伴侶對這種探索的不感興趣限制了你追求性自由的能力。也許這是眞的。你可能與一個眞的不想在性方面探索、對此懷有深深的恐懼、或已經說服自己「一切都太遲了」的人在一起。不論原因或障礙是什麼，你都必須願意將它視爲優先事項，而這不是出於過多的需要和爲所欲爲，是出於眞相和誠實。

然而，性自由必須是努力得來的。不要把它看成是待辦清單上的另一項任務，而是你開始踏上的一場追尋，其中的旅程、結果和未來都是未知的。學會在前進的過程中與這個未知共處，盡情地陶醉在這個未知中，並在前行的同時去除那些限制和恐懼。

整合練習 17

本週，利用以下的提示來撰寫關於性自由和你的性能量日誌。

- 對我來說，性自由意味著什麼？＿＿＿＿＿＿＿＿

- 如果我在性方面能夠自由，那會是什麼樣的感覺？
- 為了實現這一點，我必須擁有或面對什麼？
- 我想要探索的幻想、角色扮演、地點和體驗是
- 我的性部位是
- 我的性能量是
- 我被性能量搞得不知所措的時候是
- 我覺得與性能量失去連結的時候是
- 如果我在性方面是自由又自信的，我會
- 對我來說，性解放需要我

引導內心的性野獸

我的青少年晚期和二十多歲的時候，基本上都是恍惚地在性的嗎啡中度過的。那是我每天都需要的藥物。有時我會侷促不安地坐在電腦前連續看色情的東西幾個小時，只爲了晚上跟女友做愛，並且會有好幾個星期，我追求的那些女人不斷地進出我的臥室。這聽起來好像是性自由，但我可以

向你保證，我感覺被困住了。我經常覺得自己像是乘客，看著內心深處的性野獸在發號施令——給女人發訊息、打開數不清的色情網站、對任何我覺得有吸引力的人發表與性有關的評論。我可以很誠實地說，我爲自己成長在約會應用程式Tinder之前的年代而感謝那些權力集團。

我爲了性而失去睡眠，爲了性的連結而危害到我的事業、人際關係和健康。我花了無數的時間想辦法馴服或駕馭自己的性衝動和性能量，但要馴服我裡頭的那股力量似乎是不可能的任務，也不是值得做的目標。

如果你和我一樣，那麼你的任務並不是試圖馴服或減少自己的性欲望，而是學會如何將它引導到你的目標、伴侶和想做出的貢獻上。起初，你會感到非常沮喪，這主要是因爲你的內心會對你大吼大叫來奪回掌控權，所以有一段時間你會感覺到失控。

但後來我發現，我失控並不是因爲我慾火難耐或有太多的性能量；我失控是因爲我感到無聊、迷失、孤單、沒有方向、擔憂、悲傷、沒有目標、缺乏紀律、無法處理自己的情感痛苦，因而用性和色情來作爲填補內心空虛的手段。

性和性能量是我用來解決問題的慰藉。當我感覺到、正在經歷或面對我不想處理（或不知道如何處理）的事情時，我的身心會將注意力轉移到更有吸引力的事情上——性。然而，這顯然是一種糟糕的應對生活的方式，基本上什麼事也沒解決。

我從未學過如何聆聽身體的智慧，也從未培養過代謝、控制和引導我的情緒或性能量的習慣。

隨著時間的累積，我學會了如何解讀身體在告訴我什麼——我是被激起性欲或只是焦慮？慾火難耐或是無聊？寂寞或是一時興起？我養成一種習慣，每當出現想看色情內容的衝動時，就坐下來靜心五到十分鐘，並問自己這個問題：「我現在正在經歷什麼？」於是我開始了解到，我有很多時候無疑是被激起性欲，但更多時候，我是利用色情或性來轉移注意力，避開我所感受到的東西，諸如無聊、緊張、不確定該做什麼、焦慮、憤怒。有時當看色情的東西或發訊息給陌生女子的渴望非常強烈時，我會坐下來練習十五至二十分鐘的呼吸法、寫下我試圖轉移注意力的內容、跑步或做瑜伽。我刻意選擇這些練習，是爲了幫助我更清楚地了解自己眞正在經歷什麼，並將能量引導到不同的方向。

漸漸地，我開始明白自己在那些時刻需要什麼。有時我的身體需要運動或伸展，因爲我有很多的體力。有時我只是感到孤單或無聊，根本不是被激起性欲，因此我會發訊息給朋友約見面、透過寫作來刺激大腦或外出拍攝照片。其他時候，我則需要靜下來反思，因爲關於自己的一些重要訊息正在浮現出來。

坦白說，這是一個漫長又相對艱辛的過程。因爲我已經花了好多年的時間訓練自己利用性活力和性欲的激起作爲逃避的手段，因此要分開我眞正被激起性欲和試圖逃避這兩件事，是非常具有挑戰性的。

眞相是，如同我所發現的，我的性衝動是讓我分心而不必去面對自己是什麼樣的男人的終極手段。當我所有的空閒時間都用來追求性快感時，我就不需要了解自己了。

如果你和我一樣，那麼學會聆聽你的身體和性能量的智慧，將教導你許多關於你是什麼樣的男人的眞相。然而，你必須願意經歷那如同坐在烈火中的考驗。要在性欲被激起到最強烈的狀態下找到平靜、有意識地重新引導你感受到的能量和力量，並學會如何滿足那種渴望而不需要射精時的多巴胺傾瀉。

我開始問自己其中一個最關鍵的問題：「如果此刻不能選擇色情和手淫，我會做什麼？」這個問題在這過程中是最重要的，因爲它將我的意識從「我需要尻一槍、看色情片或解放一下」，轉移到「我可以用這股能量去做哪些同樣美好的事？」有一段時間，我實施「不擼管」（不手淫），後來又實施了「固守精氣」，這是一個驚人的體驗和實驗。我很快就發現，我轉向性、色情和手淫來作爲調整身心的手段的嚴重程度。於是反過來，我開始不是藉由轉移注意力來調整自己和我的神經系統，而是將自己的能量有意識地刻意引導到其他的目標、意圖和熱情上。事實上，我們的性能量並不缺乏。這並沒有削弱我在關係中的性連結，反而更加強了它。我變得更加活在當下和穩定，並且發現更容易引導自己的性能量。我必須學會區分何時是被激起性欲，何時只是感到無聊、寂寞、緊張、情緒低落、迷茫或焦慮，同時停止利用性來擺脫這些感受。

因此，我不斷地問這個問題：「如果此刻不能選擇色情和手淫，我會做什麼？」然後我會去落實它。健行、在海邊騎自行車、跟朋友喝一杯、攀岩、閱讀我幾個月來一直想深入研讀的書、從事某個嗜好或自己的事業、練拳擊或進行意識流的寫作。有時候這意味著拿著筆和紙坐下來，讓自己的手寫出心中所想或身體所感，諸如這一週的壓力、最近工作上的失敗所感受到的失望，以及我在關係中面臨的挑戰。

我利用這股能量來創造、計畫、寫作、建立及培養那些自己想要發展的技能和特點。很快地，我的性能量成爲一股受歡迎的力量，而不再是令人厭煩的敵人。

不要切斷你與自己性能量的連結來逼它就範，而是要讓自己與你感受到的幻想、色欲和渴望連結。當性衝動的強度被激起時，要與呼吸和身體保持連結，並讓這股能量推動你邁向自己的目標、意圖和抱負。

整合練習 18

連續一、兩週（或一、兩個月）實踐不手淫，並問自己這個問題：「如果此刻不能選擇色情和手淫，我會做什麼？」

注意一天的哪個時段，你會有最強烈的手淫衝動，並仔細去了解你的感受——不知所措、無聊、焦慮、憤怒或寂寞。問自己：「我是真的被激起性欲，或者我只是想逃避自己的感受？」

列出你想在這段時間做或達成的事，譬如想閱讀的書、想體驗的健行、想參加的課程、想做的固定身體勞動、從事副業或嗜好，並下定決心將你的能量引導到這些體驗上。

了解你的性陰影

馬修來找我諮商時，表面上的理由是想決定是否要繼續維持現在的感情關係。他與一位女士交往大約兩年，而她開始懷疑他對這段感情的誠意。她經常問他何時想結婚、是否考慮要生小孩。馬修對這一切都持開放的態度，並且可以想像自己進入這些承諾後的人生，但他有一點忐忑不安，因為他們的性生活並不穩定，他擔心結婚後會陷入乏味和不規律的性生活模式。

在我們的討論中，他先是將焦點放在他注意到伴侶缺少「性趣」、在性方面不願主動，以及她在床上的表現。但正如我們之前討論的，你對待伴侶的方式，就是你對待自己的無意識方式。他把焦點集中在她身上，幾乎不願意反觀自己。

最後，當我們討論的主題從他認為伴侶所欠缺的，轉移到他個人的經歷時，馬修透露，他愛這個女人並深受她的吸引，但在進行性行為時卻感到有困難。

「我搞不懂，」他在我們剛開始的一次見面中說：「她對我來說真的很有吸引力。她是我喜歡的類型，我覺得她很美，但一說到做愛，我就產生抗拒。我們做愛時，有時我會失去興致，必須想著其他女人或幻想才能保持勃起，有些時候甚至必須回想過去的其他性經歷才能射精完事。」對某些男人來說，這是很常見的體驗。

當我們探討他對這段關係的恐懼時，我請他描述他的家人對性方面有什麼樣的看法，以及是否有人談論過這個話題。他給出家裡沒有人眞的談論過性的標準答案後，就試圖轉移話題。我問他第一次的性經驗是什麼情況，以及他對這些經歷的記憶是什麼。

馬修彆扭地坐了一會兒，然後開始描述他的第一次性經驗。當時他十二歲，對方是大他兩歲的女孩，她是他的雙胞胎兄弟的朋友。他說自己當時感到壓力巨大，因爲他想要向他的兄弟們炫耀，卻又不曉得自己在幹什麼。不用說也知道，這次的性體驗並不順利。

「我眞的不知道怎麼戴保險套，一直硬了又軟掉。這讓我很沮喪，而她只是坐在那裡催我快一點。最後，我終於戴好保險套了，卻沒有足夠的硬度去做什麼。我實在太緊張了，甚至還沒插入就在保險套裡射精了。」他半笑著說，試圖用一些笑聲來緩解尷尬。

「那麼，後來呢？」

「什麼意思？」他說，假裝對我的問題感到困惑，彷彿希望我不會繼續追問下去。

「你射精之後發生了什麼事？」我問，明確地讓他知道繼續說下去沒關係。

「嗯，她很生氣，打了電話給一位朋友。然後我就穿好衣服走回家了。」他回答。

「然後呢？你有告訴任何人嗎？」我問。我心裡很清楚，大多數的男孩子不太可能把性經驗當作祕密來保守。

馬修描述說，當時他走回家，心裡想著該如何向他的兄弟們說這件事。回到家打開門，他們就開始歡呼，並問他事情進展得如何。他吹噓地說他如何上床，但那些都不是事實，因此他深深地感到羞愧。最後全校都流傳說，馬修是他們班上第一個有性經驗的人。

現在他似乎對這個話題感到更自在一些。他繼續告訴我，他在十三歲時有一個女朋友，她想要發生性關係，可是他們之間也發生同樣的問題。

「我必須繼續撒謊。人們認為我是性愛冠軍，但其實我是如假包換的騙子。直到今天，我的兄弟和最好的朋友們都還在說我比他們先有性經驗的這些事情。我們都是笑著開玩笑，而我從來不知道該說什麼。我覺得自己像個騙子。」

我們越深入馬修的性史，就越發現其中的羞愧和尷尬。他在二十多歲時終於找到一種節奏，有過多個伴侶和性經驗，而這些經歷增強了他的自信。然而當他進入目前的這段關係後，許多挑戰開始出現。他的理性大腦無法理解為什麼他愛這個女人，卻在性方面遇到如此多的困難。

在我們的諮商過程中，有一天他說：「或許這表示她不是那個對的人，你懂我的意思嗎？因為如果我那麼愛一個人，並且想跟她在一起，那麼做愛不應該是很自然的事嗎？」

這是很常見的看法。理性大腦希望一切都是線性、直截了當、可以理解的。然而當牽涉到陰影時，情況卻很少是如此。

馬修從未向任何人透露過他失敗的性經驗，並仍對過去的事情感到極度的羞愧和尷尬，而這些情緒重新浮現在他目前的關係中。他對自己在性方面的「表現」也感到同樣怪異的羞愧和尷尬，但與其像過去那樣離開這段關係，他希望搞清楚這到底是怎麼一回事，因爲他眞心想讓這段感情繼續走下去。

隨著我們探索馬修的過去，有越來越多關於性方面的困惑、尷尬和羞愧的故事浮出檯面。他繼續分享那些他從未向任何人吐露過的故事。隨著他這樣做，他越來越能輕鬆地表達、探索和體驗他在關係中所渴望的那種性連結。

你的性陰影是在你對自己的性能力或身體感到羞恥時形成的，或是因爲你有某種渴望或你會被某種禁忌的事物激起性欲而被人直接羞辱所形成的。它可能是生活在嚴守某種宗教觀點的家庭中的副產物，這些觀點妖魔化了你的渴望，或者它可能是你經歷過某種性虐待或創傷的結果。

特拉維斯正在手淫時，被他那信仰虔誠的父親抓個正著。父親告訴他如果不停止手淫，他就會下地獄。多年後，他處在一段幾乎沒有性生活的婚姻中，心裡承受著極大的性羞愧，並且因爲不得不壓抑自己的欲望而感到厭煩。

山姆和他的妻子已經結婚十六年，並育有兩個女兒。他一直是忠貞又忠誠的。然而在過去的一年半裡，他和一位住在歐洲的男人展開了一段網路戀情。山姆被男人激起性欲持續了很長一段時間，並且經常會看男同志的色情內容，但他從未向妻子坦白過自己的幻想，因爲他認爲這可能導致妻子跟他離婚。

科爾十一歲時在父親的電腦上發現了色情內容，並演變成上癮的情況，大多數晚上，他都必須在睡前看這些東西才能入睡。沒有人知道這些，但當他開始和阿曼達約會時，這卻成了他們的性生活和關係的阻礙。

卡爾曾遭受他的一位繼兄弟的性虐待。當妻子幫他口交時，他無法勃起，因爲這會喚起他以前的那些記憶。他從未談論過自己經歷過的性創傷。

蓋瑞與他的丈夫已經結婚八年，其中幾乎有四年的時間，他一直在線上付費給男人以滿足他的性欲。他喜歡掌控，並且會因爲告訴其他男人該做什麼、該怎樣表現、該爲他演出哪些性幻想而被激起性欲，但他一直很難將自己性欲望的這一面帶到伴侶的床上去。

馬克的第一任女朋友告訴他，他的陰莖不如她前男友的大。他發現自己只想跟那些說他的陰莖好大的女人約會，即使他自己根本不相信這一點。

你的性陰影，就是你對自己或伴侶隱藏的東西。它是透過你所經歷的拒絕、尷尬、羞愧、失敗、失望、虐待和忽視而發展出來並被隱藏起來的。

當你想要表達、探索或體驗某種東西卻感覺無能爲力時，你就知道你的性陰影正在產生影響。你可能會發現自己有機會與妻子發生性行爲，卻選擇拒絕而改看色情的東西，這其實會強化你認爲自己的婚姻性生活糟透了的信念；或者你可能會在線上與其他女人實現你的性幻想，卻對無法將你的欲望和幻想帶入你與伴侶的關係中而感到極度的羞愧。你可能需要性呈現爲某種樣子，或是必須實現特定的幻想才能被激起性欲，抑或你可能發現自己在伴侶面前變得極度嫉妒、憤怒和性需求強烈，卻不眞正知道原因所在。

以下是你的性陰影產生影響的跡象：

- 當你在性方面未能如願時，會變得反應過度（封閉自己、變得蔑視人、粗口罵人等等）。
- 由於尷尬或羞恥，你隱藏了自己在性方面的渴望。
- 你會破壞自己所渴望的性行爲的機會（無法勃起、封閉自己、想太多、變得過於侷促不安）。
- 你認爲性方面的問題大部分都是伴侶的錯。
- 你堅信伴侶永遠無法滿足你的性需求，但你仍維持著這段關係。
- 你必須用性來強化自己的自我價值或自尊。
- 性行爲或自慰可以幫助你逃避自己的感受，或是使你對自己和生活感覺更好一點。
- 即使你的渴望很明確，你也無法表達出來。
- 你會在虛擬世界或現實中尋找幻想，但似乎無法將它們融入你的關係中。

• 你經常將你的伴侶，跟你之前的伴侶或線上看到的色情內容進行比較。

• 你在性滿意度上撒謊。

當我們揭開馬修性歷史的層層面紗，揭露出他的羞愧、尷尬和遺憾時，他眞實的渴望和性激情便開始浮現。他發現自己更願意主動和女友進行親密關係，不再需要在性行爲中讓自己分心，並且能表達他想體驗的幻想。他終於找到勇氣來探索他一直想在床笫之間做的事。

隨著馬修面對自己的性陰影，他培養出他一直缺乏、但卻深切渴望的性自信。

要對你在性方面隱藏的、以及最不希望別人知道的事情坦白，至少一開始要對自己誠實。你對伴侶隱藏了什麼？在你們的關係中，性方面出現了哪些不安全感，以及你在心中或所看的色情內容中實現了什麼幻想，但在你們的關係中卻未實現？你在性方面感受到哪些限制，以及你想要在性方面探索、感受和體驗哪些難以啓齒的東西？

關鍵是要在安全的關係中，向你信任的人吐露你通常會隱藏的事。

回答問題↓揭開真相

• 在我的成長過程中，性是＿＿＿＿＿＿＿＿＿＿

- 關於性，我的父母／照顧者告訴我的是＿＿＿＿
- 因此我＿＿＿＿
- 我曾有過最尷尬的性體驗是＿＿＿＿
- 在這之後，我＿＿＿＿
- 我對伴侶（過往和現任）隱藏的是＿＿＿＿
- 在性方面，我一直想要探索、卻又在迴避的是＿＿＿＿
- 在性方面，我感到尷尬的時候是＿＿＿＿
- 我缺乏自信的時候是＿＿＿＿
- 在性方面，我告訴自己，我「應該」＿＿＿＿

超越「需要表現」的心態

當表現成為你在床第之間唯一重要的事情時，你將錯失那使性方面的親密成為成長、擴展和深刻連結的實現機會。聚焦在表現上的需要也可能導致各種問題，因為大約四分之一的男性都有表現的焦慮。這種焦慮可能導致或造成早洩或無法射精、難以維持勃起，以及更想逃避房事。

比方說，你已經開始與一位深深吸引你的人約會。你曾幻想過你們上床時會是什麼樣子，但隨著時間的推移，你感受到表現上的壓力。正如有時候會發生的情況，你對這次上床感到興奮又緊張。你越是感覺到吸引力，就越會發現自己在想著如何在性方面給對方留下深刻印象的重要性。當時機到來，你們倆終於上床了，但你卻發現自己無法停止去想對方是否享受其中以及你的表現如何，甚至在房事進行的過程中還會批評自己。

這就是所謂的自我參照，它可能是男人性欲的殺手。自我參照是當你因爲感受、羞恥或想避開可能的尷尬而不知所措時，大腦接管並關注於某種思維的方式。你可能會發現自己在前戲中不斷地問自己是否能保持勃起，擔心你剛才說的話或做的事是否笨拙，並且老是在觀察自己是否表現得夠好。你可能擔心自己會太快射精，或是在上床之前想得太多，因爲你已經想好了線性的「行動方案」，包括每一個動作、使用的姿勢，以及高潮必須以什麼樣的方式出現。所有這一切都可能造成表現上的焦慮。

這種自我參照使你同時成爲「表演者」以及評價表演的「評審者」。

當你擺脫不了評判自己的表現時，你會離開身體的感受而將所有的能量和注意力集中在思維上。注意你上床前所抱持的那些期望，並將目標放在當下的互動而非表現上。試著保持眼神的接觸、與你的呼吸保持連結，並注意伴侶的呼吸和動作。關鍵是在親密行爲之前及進行期間，將你的覺知擴展到思想的有限範圍之外。呼吸深入丹田，身體盡量放鬆，擴展你的覺知來感受伴侶的愉悅。所有這些都有助於減輕你關注自己的表現時所產生的束縛和焦慮。

要明確了解你自我參照的內容。你爲什麼聚焦在特定的內容？你緊張嗎？興奮嗎？羞恥嗎？你在試圖避免尷尬嗎？還是你將自己身爲男人的價值放在性方面的表現能力上，若表現不好就表示你是不及格的伴侶？

那麼，你該怎麼做呢？首先要了解這種表現的焦慮來自於三個主要因素：

一、**擔心自己不夠好**。我知道自己在做什麼嗎？我是否稱職、足夠有能力？我能在性方面證明自己的價值嗎？

二、**害怕自己被拒絕**。我會被拒絕嗎？我會因爲自己的欲望、性部位或幻想而感到尷尬、羞愧、被嘲弄或取笑嗎？

三、**懷疑伴侶是否眞正滿意**。我夠優秀嗎？我能維持夠久的時間嗎？我跟其他性伴侶比較起來是如何？怎樣才能看出她們是眞的滿足？如果她們只是在假裝或是將我與其他人作比較，那會怎樣呢？

要克服表現上的焦慮，你必須願意做幾件事。首先，對自己在性方面的內心狀態進行檢視：你是否感到緊張、壓力、缺少欲望、擔心被拒絕、想問她某個特定的問題，或是對表達自己想要探索的內容感到羞恥？你是否一直在質疑自己的表現或她的滿意度？要清楚又具體地了解那些對性動力造成影響的內在對話。如果你參加了某個男性團體、有一位本書的監督夥伴、或是有一位人生教練，那麼就與他們分享這些內容，並坦誠地說出你在床第之間一直會感受到的不安全感。

接下來，追求無結果的親密關係。這意味著在進行魚水之歡時不要有特定的期望，同時也不要執著於非得在特定的時間之後才射精，或是追求世界上最佳的色情明星般的表現。記得以前我還在極度追求表現的時候，我會盯著時鐘追蹤已經做愛多久的時間，並且至少必須持續一個小時，否則我會覺得自己失敗了。雖然當時我認爲自己在性方面完成了有意義的事，但我也開始發現我更關注的是做愛做了多久的時間，而不是整個體驗本身。

然而，最重要的是呼吸。我知道這聽起來平凡無奇，但這裡的重點很簡單——讓呼吸平靜你的身心。當身體處於壓力或焦慮的狀態，你就更可能遭遇性方面的挑戰，例如早洩或難以保持勃起。呼吸是身體的壓力調節器。如果呼吸淺短又急促，你的身體就會進入緊張的狀態；如果呼吸緩慢、深沉又平靜，你的身體便會進入更舒適的狀態，從而更能體驗當下。練習透過鼻子吸氣，嘴巴吐氣，讓呼吸深入身體，放鬆你的腹部和太陽神經叢，同時將注意力放在體驗的感受上。若在性愛中引入這種呼吸會讓你感到不自在，那麼可以先從自慰時使用這種呼吸法開始。

利用呼吸來回到身體，回到你的感受、體驗、愉悅、伴侶和當下。性可以是一種靜心，也可以是一個使你無法停止思考的牢籠，而呼吸是讓你在那一刻走出牢籠的方法。透過鼻子吸氣和嘴巴吐氣，有意地將你的意識或焦點帶回到身體。

消除性的羞愧

你最尷尬的關於性方面的回憶和欲望是什麼？對於這些回憶和欲望，你是如何進行補償的？多年來，我向無數的男士團體提出這個問題，而聽到他們分享的故事總是令人大開眼界。大多數的男人都願意分享他們的性成就或征服史，但卻很少有人會透露他們的性尷尬、羞愧或失敗。他們爲獨自背負著羞愧而付出代價。

舉例來說，托馬斯成長於一個單親父親的家庭，他的父親在性方面非常活躍。週末時，他的父親會隨機帶不同的女人回家並大聲地做愛，托馬斯和他的姊姊則在客廳看電視。有時候他的父親會光著身子走出房間並對自己的表現讚不絕口，偶爾也會問托馬斯是否有聽到他如何讓房間裡那不知名的女人欲仙欲死。有時他的父親會直接告訴托馬斯，他「得加把勁才能這麼強」。孩子聽見父母在做愛的情況並不罕見，並可能帶來某種羞愧感，但托馬斯的情況卻有所不同。

隨著托馬斯長大並進入青春期，他對父親帶回家的一些女人產生了幻想，並且偶爾會在房間裡聽著他們做愛的聲音自慰。成年的托馬斯已經結婚，也有了自己的孩子，但他很難在性方面覺得與妻子有所連結，並對自己無法取悅妻子而感到羞愧。她對他們的性生活感到非常開心，並且經常向他表達這一點，然而托馬斯自己卻不相信。他堅信自己在某些方面是不足的，並開始幻想別的男人在跟他的妻子做愛，而他在一旁看著或聽著。他對自己的這種渴望感到極度羞愧，因爲他眞心希望知道自己對妻子來說已經足夠。

當我們談論他的過去，我引導托馬斯進行一些體驗和練習，以重新連結他在父親家中的感覺。托馬斯描述說他覺得自己永遠不夠好，他的父親經常批評他，對他非常嚴厲，而某種東西已經轉移到他的性部位中。他父親的期望似乎是遙不可及的。托馬斯描述道，他對於自己一邊聽著父親的做愛聲一邊自慰的那段時光感到非常羞愧。托馬斯從未向任何人透露過這件事。最後，我們在某一次諮商中讓他的妻子也參與進來，托馬斯談到他的童年。他告訴妻子關於他父親那遙不可及的期望，以及家中的那種性氛圍。當他向妻子描述這些事情時，她充滿同理心地傾聽。托馬斯講完後，她停下來給他一個大大的擁抱，提醒他她有多麼愛他，並且說：「所以一直以來你並不是試圖取悅我，而是試圖超越你的父親？」托馬斯感到震驚，因爲在那一刻之前，他從沒將這兩件事聯想在一起。

接下來的幾個月，托馬斯繼續向妻子表達他的渴望，並更能接受聽到妻子說她對他們的性生活感到滿足。他了解到自己想要在床笫之間感到自信和強大，並讓自己自由地探索會是什麼樣貌。他們報名參加一些綑綁式性愛的情趣課程，讓托馬斯有機會綑綁他的妻子並進行角色扮演。他在更具主導地位的場景中，逐漸放下了他無法滿足伴侶的想法。

無數的男性都有類似的體驗。童年時遭受取笑而對自己的身體感到羞愧，在更衣室裡經常被人評論而對陰莖的大小感到羞愧，前任出軌或之前的伴侶從不滿意而對自己的表現感到羞愧。這種例子說也說不完。

我們必須處理自己在性方面的羞愧，將它暴露給我們信任且願意與我們一起療癒的人。羞愧在黑暗中滋長，不願暴露在溝通和認可的光線之下。羞愧總是希望保持隱藏。

如果你在性方面缺乏自信，或是想消除關於你的渴望的羞愧感，那麼就坐下來拿起紙筆，寫下你在性方面感到不足或困難的地方。要對自己誠實，因爲這種誠實就是你照向羞愧感的光。探索羞愧感可能的根源——宗教的評判、缺少經驗、童年的嘲笑，或是你見到的事物、朋友或隊友對你的陰莖或身體發表的評論，抑或是與過去伴侶的尷尬性經歷。

質疑任何認爲你「應該」有某種感受或表現的想法。事實上，我們感覺的羞愧往往是受到那些不切實際的期望所驅使，而這些期望是爲了保護我們免於受到失敗、尷尬或更多羞愧的傷害。跟適合的人一起冒險。就如布芮尼．布朗所說的：「脆弱是靠努力得來的，而不是自動保證的。」特別是性方面的脆弱性更是如此。要勇敢地說出你在性方面的恐懼和痛苦。如果你在現有的關係中做這件事會感到不自在，那麼你可以尋找男士交心聯盟之類的線上團體，那裡有一些已經完成這個功課的男士可以幫助你走過這段歷程。關於任何種類的羞愧（特別是性方面的羞愧），其令人難以接受的眞相是，它必須被說出來才會失去它的力量。

【第三部】

自由

解放你的心靈，
成為自我帶領的男人

10

面對受害者心態

「有時候人們不想聽眞相，是因爲他們不希望自己的幻想破滅。」

——尼采

我的人生有一段時間，我認爲我是自己謊言的受害者。數十年來的眞假混雜及對生活眞實狀況的掩飾，使我無法面對、甚至無法看清自己的現實。我覺得我是自己的選擇和環境的受害者，同時也對做出任何改變感到無助。我不斷地怨天尤人、批評身邊的人，將他們變成我的感受或行爲的問題來源，而我其實是在撒謊。天哪，我眞的是說太多謊了！我撒謊得理直氣壯，我隱瞞某些細節或事件，我誇大發生的事情，我篡改了某些細節，這通常是爲了使我看起來更體面或讓某人相信我是好人。眞是令人啼笑皆非，我知道。

以前我無法面對自己生活中的事實，也不想去面對。既然現在我可以面對了，那麼這些就是當時的事實：

事實一：我是說謊者。

事實二：我經常出軌。

事實三：我看色情內容的時間超過一般建議每週觀看電視的時間。

事實四：我的財務狀況一團糟。

事實五：我缺乏方向和目標。
事實六：我將自己的不幸歸咎於女友、政府、老闆、朋友和家人。
事實七：我濫用藥物和酒精。
事實八：我討厭自己、討厭我的做法、討厭我對待所愛之人的方式。
事實九：沒有人知道這些事，而我打死也絕不會承認以上任何一件事。

我生活在以胡說八道爲基礎的現實中。我的生活中沒有人追究我、批評我，也沒有人提醒我通往自由和解放的道路取決於我是否願意說眞話。因此，我沒有對任何人坦白過；相反的，我主動地拒絕任何形式的支持、問責或反饋。

只要沒人知道我在說謊或扮演受害者，那就等於沒這一回事，對吧？

錯！因爲我自己知道。而這就是問題所在。

這就是受害者的原型幹的事。它騙你去相信你是迫於無奈、不應受到責備，並且有權像混蛋一樣地爲所欲爲，但事後又會因爲自己的行爲而感覺糟糕透頂。

事實上，我的謊言並非毫無意義，它們是用來保護我的一種應對機制，只是它們適應性不佳（亦即沒有幫助）罷了。

我很早就知道如果我在學校搞砸了、在家裡做錯事、在運動中出了亂子或犯規，我就會受到懲罰。有時候懲罰很輕微，例如被禁足、不能上場比賽或被沒收電視機；有時候的懲罰則是挨罵，說我是沒出息的廢物。

身爲九歲或十歲的孩子，聽到自己被說成是「該死的笨蛋、白痴、蠢貨」，或是被罵「一輩子沒出息」、「老是成事不足敗事有餘」，感覺就像我內心的某個東西被打碎了，彷彿我已經損壞並且無法修復。我覺得自己有缺陷，好像不該待在這裡。

身爲精明又能隨機應變的孩子，我很快就想到，只要我撒謊、甚至隱瞞某些事情，有時候我就可以逃過一劫，避開那些等待著我的嚴厲又刻薄的情感上（有時候是身體上）的打擊。於是，謊言成爲我逃避嚴重的懲罰，或是獲得接納、討人喜歡、搏得認可、融入社會、得到愛和避免痛苦的方式。

在某種程度上，謊言使我在成爲受害者時不會覺得自己是個受害者。

受害者心態的起源

我們在成年的生活中陷入受害者心態，並不是因爲我們當時眞的是受害者，而是因爲我們以前有過被害的經驗或是學會把它當成生存的策略。受害者心態並不是某人一早醒來就決定要讓自己的生活變成什麼樣子、或是搞砸自己的人際關係那樣的東西，而是一種反應機制。這是對過去被陷害、被置於無力的處境，或是別人使我們感到虛弱、渺小、無價值、澈底失敗的一種回應。它可能是隱蔽的，因爲它可以成爲我們用來重獲力量、得到關注和認可、讓事情變得容易、以及融入某些群體的身分認同。

受害者心態是學習來的。它是你從父母身上看到的，是從你的老師、同學、隊友或過去的關係中學來的，抑或是你曾看見別人在社會上利用受害者心態而得到好處。又或者，你看到父母總是對他們的行爲推卸責任，每當他們做錯事就會變得極度防衛自己。也許他們在收到別人的反饋時會反應激烈又容易生氣，或者你聽見父母老是抱怨他們的問題都是別人造成的。身爲孩子，我們的學習方式有很大一部分是透過簡單地複製我們在周遭所看見和經歷的事。

以崔佛爲例，他從小在一個將所有大小事都歸咎於他母親的父親身邊長大，無論什麼事都不會是他父親的錯。不管是什麼情況，崔佛的父親都不會爲做錯的事情負責。當時還是青少年的他，對此非常憤憤不平。但是後來，他身爲有三個孩子、婚姻即將崩潰的五十二歲男人，卻面臨這個殘酷的現實：他竟然無意識地採納了他父親的受害者心態。所有的問題都不是崔佛的錯，他是妻子的情緒或決定的受害者，他堅信妻子、人生或上帝都在陷害他。他認爲自己對於改變處境無能爲力，唯有妻子做出改變才能讓他感覺好一些。

山米成長的過程中曾在學校遭受同學的霸凌。他七年級時從國外轉學來，由於外貌和說話的口音不一樣，使他經常受到同學的取笑和欺侮。現在他已經三十多歲了，仍對自己的人生感到茫然。他身材走樣、對財務狀況感到氣惱，覺得自己在事業、個人成長和健康方面的努力都是打水漂兒。

他內心的對話苛刻又充滿侮辱性，不斷地對自己進行情感和身體上的霸凌。他已經成為自己內心對話的受害者——既是霸凌者，也是被霸凌者。

有些人能面對自己內在的受害者。他們能看見自己在何時及何處推卸責任或不想要負責，並且能立即承擔起來。他們能夠看見它、承擔它，然後改變它。可是我卻堅信自己做不到。我非得要被人生逼到絕路才能看清，唯一能救我的人只有我自己。

若想擺脫受害者心態，就必須了解它的起源。你從何處學會將責任推卸給他人？現今在你的生活中，你在把責任推卸給誰？過去是誰告訴你或教導你不要承擔責任、老是抱怨、或讓你覺得自己是無力又無助的？你何時開始感到動彈不得，或者認為再怎麼嘗試也是徒勞無功？

看看你現今的生活，找出你在哪些方面試圖「做對」或感到動彈不得，卻又無法改變現況。也許你覺得在伴侶關係中你永遠無法「做對」，覺得無法得到伴侶的情感或性的關注，並且堅信唯有伴侶改變了，你才能感覺更好。也許你覺得伴侶的抱怨、憤怒或對性的冷淡是無法改變的，你的老闆「故意刁難你」，或是你「在工作上似乎永遠得不到喘息」。所有這一切都成為遇到困難的事情時不去嘗試解決的藉口。注意有什麼地方或事情是你經常抱怨或覺得是自己無法改變的，對於生活中的哪些方面你堅信自己的感受是別人造成的。要對這些保持絕對的誠實。

拿起紙筆，深入思考以下的問題。釐清你的受害者心態的起源，以及它如何表現在你今天的生活中。

整合練習19

過去：

- 成長的過程中，我看到拒絕承擔責任的人是
- 事情出錯時，我的父母會指責
- 小時候，我會遭受霸凌／虐待／排斥／拒絕的時候是

（給出幾個印象深刻的例子）

- 成長的過程中，令我感到無奈的人是
- 成長的過程中，我覺得自己永遠無法在他們面前「做對事」的人是
- 這教會了我
- 因此，我形成的信念和行為是
- 小時候，我會撒謊的時候是
- 當時我撒謊是為了（得到／避免／歸屬於）

現在：

- 現今的生活中，我最常指責和批評的人是

- 我指責他們是因為______
- 我不喜歡承擔責任的時候是______
- 我撒謊的時候是______
- 我撒謊的內容通常是關於______
- 我撒謊是因為______
- 坦白說，我從扮演受害者中得到的好處是______
- 在那些時刻，我其實必須做的是______

不再被受害者的好處所綑綁

如同我過去透過扮演受害者來躲避眞正的責任並保護自己一樣，所有的男人都在某種程度上從受害者心態中得到好處。有些人可以避免衝突，有些人則藉由指責伴侶來破壞自己深深渴望的親密關係，還有一些人則是透過保持「正確」的優越立場來看不起那些他們認爲是「錯誤」的人。

若想擺脫受害者心態，你必須願意正視一個事實，那就是：**扮演受害者在某些方面或許對你有好處，但很可能對你和你的人生並不利。**

以下是扮演受害者所帶來的一些「好處」：

- 避免爲自己的行爲負責和承擔責任。
- 相信自己有抱怨或不道歉的「權利」。
- 獲得別人的關心和虛假的認可。
- 得到別人的關注和同情。
- 不必聽別人的反饋，因爲他們不想讓你不開心。
- 增加得到想要的東西的機會，因爲人們爲你感到難過。
- 不必應對棘手的情況，避開了憤怒和悲傷。
- 人們對你的期待較低，因此你可以不必負太多的責任。

所有這些例子有什麼共同點呢？在每個例子中，你都扮演受害者的角色來避免某些困難的事（衝突、責任、錯誤、失敗等等），或是因此獲得某種回報（權力、認可、同情等等）。

想一件最近你在生活中拒絕承擔責任或是將某個問題推卸給他人的事。也許你最近對妻子撒了謊，聲稱自己必須加班到很晚，但其實是跟工作上的朋友去喝酒。也許最近有同事給你一些建議，但你完全拒絕接受並說：「他們到底在說什麼鬼話。」或者你最近一直在逃避處理個人的財務，每當伴侶提到錢時就立刻挑起你的防衛心，並開始抱怨她們從來沒有感激過你或是看不到你爲她們付出了多少。

在這些時刻，你是如何從中獲得好處的呢？你在逃避哪些事實和現實呢？你是在逃避某種困難的事，或是試圖獲得某種回報嗎？

用一點時間在日記上回答這個問題：「當我的表現像是個受害者時，我通常是在試圖逃避＿＿＿＿＿，或是試圖獲得＿＿＿＿＿。」

從受害者到勝利者

或許受害者心態中最具挑戰性的面向，就是它扭曲了你的現實。當你陷入扮演受害者的角色中，你就看不見現實的本來面貌；你看到的是受害者原型爲你創造的東西。你無法看見自己在其中的角色、不願承擔責任、將自己的力量外包出去、爲謊言和眞假混雜找理由，並在很大程度上試圖去控制那些你幾乎無法對它們造成影響的事物。

那麼，你要怎樣才能從這種現實的扭曲中解脫出來呢？

大多數人和我都必須從一個地方開始，那就是：停止說謊，開始講眞話。

如同笛卡兒說的：「我思故我在。」

當受害者掌握主導權而你在撒謊時，上面那句話就會變成：「我撒謊，因此我什麼都不是。」

謊言會瓦解你的身分，並破壞你與自我尊重、自我信任、對人生眞正渴望的深刻認識之間的連結。一個過著謊言的生活、由謊言帶領一切的人，永遠無法充分或眞正地知道他是誰、他希望走向何方、他的目標是什麼、他的優點或天賦是什麼，以及他是否跟合適的親密伴侶在一起。如果你的人生是建立在虛假之上，你又怎麼能眞正地認識或信任自己這個男人呢？這是不可能的事，同時也是一種瘋狂——試圖通過說謊和虛僞的生活來獲得清晰度。

這些年來，我主要做了三件事來改變我的生活，以及幫助我擺脫內在的受害者。首先是我稱之爲自動修正說實話的過程，再者是專注在你能影響的事情上，最後是對你的現實進行誠實的審核。這三個工具可以幫助你從受害者轉變爲勝利者，讓你從扭曲和沒有力量的現實（那是受害者心態囚禁你的地方）中解放出來。

「自我修正」的過程很簡單，但需要實踐和勇氣。接下來的一週，仔細注意你跟別人的溝通交流，當你在隱瞞、掩飾或直接說謊時，要及時發現；當你在扭曲事實或隱瞞眞相時，要立刻修正自己。你可以說類似這樣的話：「其實不是這樣的，事實上……」（或「實際上發生的是……」）。或者，當你發現自己隱瞞某些訊息而說謊時，你可以說：「我省略了一些細節，我沒有提到（或我想告訴你的是）……。」養成修正自己的習慣，將謊言替換爲眞相。如同說謊可以變成習慣一樣，說眞話也可以成爲習慣，而眞相可能帶給你遠比說謊更加精采的冒險。

接下來是要能「分清楚你能掌控和不能掌控的事」。那些試圖影響他們無法掌控之事的人，將永遠陷入被害者的角色中。看看你目前生活中的問題或挑戰。你曾經眞正地花多少時間思考以及試圖控制那些你其實無法改變的事情？例如妻子的情緒、同事的態度、下班後雜貨店的人數、老闆是否準時或心情不好。眞是說也說不完啊。

事實上，相對於你無法控制的事，你眞正能有所影響的事並不多。在任何你感到無助、不知所措或深感沮喪的時刻或情況，問自己：「我能影響什麼？我不能控制什麼？」然後誠實以對。你能控制別人的反應嗎？不能。你能控制別人的決定嗎？不能。你能影響自己的回應和行爲嗎？可以。當你試圖控制那些超出你的影響力範圍的事情時，你就放棄了自己的力量。你其實是在主動耗費能量去試圖改變那些你終究無法改變的事！看看你生活中那些親近的關係——父母、兄弟姊妹、伴侶和朋友。你花了多少時間、承受多少挫折去試圖改變或控制他們的某件事？也許很多。在任何時候都要看清你能影響什麼，然後加倍地全力以赴。

最後，至少每年一次，也可以每季一次，對你的生活狀態、關係、財務和職業「進行誠實的審核」。雖然我平時不太喜歡「審核」這個詞，但它僅是指對個人或組織的帳戶進行檢查。大多數人都忙於評判、批評或忽視他們生活的事實，而無法實際地去檢查它們。要清楚地知道你的生活的實際樣貌，而不要有任何羞恥或評判。要誠實地面對自己對於事實的感受，並將你的承諾集中在爲那些必須努力的領域指出方向。要記住：受害者會想要把生活的事實歸咎於他人，或者說服你相信改變是不可能或太難的事；而勝利者會想要知道事實，從而能夠踏出他的下一步。

利用以下的練習範本來認識你內心的受害者，並對你的生活進行誠實的審核。

整合練習20

第一部分：看清受害者

選擇你生活中的某個領域：關係、職業、健康、財務、家庭。

接下來，誠實地檢視自己在哪方面扮演受害者的角色。列出三到五個你拒絕為自己的處境負責、承擔責任或將它歸咎於他人的方式。

如果你不確定，那麼可以問自己：「我一直在指責誰？」或是：「我覺得誰在跟我作對？」

具體說明你必須為哪些事情負責，並列出你可能必須找他們談一談的人。

接著描述一下，如果你能從一個充滿力量的立場來行動，那會是什麼樣子。

最後，付諸行動。安排一次通話、寫一封信，對自己欠缺責任感的地方承擔起責任，甚至承認自己一直在扮演受害者的角色。

第二部分：誠實的審核

現在該是誠實及面對事實的時候了。檢查你生活中的不同領域來了解事情的真實情況。別忘了，這裡的重點不是評判、羞愧或試圖解決或修復什麼事，而僅僅是誠實和檢查事實。

以下是一些問題的範例，但我鼓勵你寫出有關這些生活領域的其他事實。

健康：

- 關於我的身體的真相是＿＿＿＿＿＿
- 我對待它的方式是＿＿＿＿＿＿
- 我尊重它的時候是＿＿＿＿＿＿
- 過去我虐待它的時候是＿＿＿＿＿＿
- 我服用的藥物有＿＿＿＿＿＿
- 我的心理健康是＿＿＿＿＿＿

財務／職業：

- 我的財務狀況是＿＿＿＿＿＿（要具體，可用實際的數字來表示。）
- 我的銀行帳戶今天的情況是＿＿＿＿＿＿
- 目前我的存款是＿＿＿＿＿＿

- 我的支出是 ＿＿＿＿＿＿
- 我現在的職業／事業的實際狀況是 ＿＿＿＿＿＿
- 我引以為豪的是 ＿＿＿＿＿＿
- 我做得非常好的是 ＿＿＿＿＿＿
- 我的優點是 ＿＿＿＿＿＿
- 我遇到的困難是 ＿＿＿＿＿＿
- 我的領導能力是 ＿＿＿＿＿＿
- 我的溝通能力是 ＿＿＿＿＿＿

感情關係：

- 我目前的感情狀態是 ＿＿＿＿＿＿
- 我知道自己在這種關係的互動中所起的作用（不論好壞）是 ＿＿＿＿＿＿
- 我們的性生活是 ＿＿＿＿＿＿
- 我們的溝通是 ＿＿＿＿＿＿
- 我們的連結／親密關係是 ＿＿＿＿＿＿
- 我們這對伴侶要走的方向是 ＿＿＿＿＿＿

個人／靈性：

- 我對上帝的感覺是＿＿＿＿＿＿＿＿
- 事實上，我與上帝的關係是＿＿＿＿＿＿＿＿
- 我的靈性是＿＿＿＿＿＿＿＿
- 我不知道或一直在質疑的是＿＿＿＿＿＿＿＿
- 我害怕承認的是＿＿＿＿＿＿＿＿

現在，你已經完成了誠實的審查。接著回過頭來寫下你對每個部分的感受，以及你基於這些事實所要採取的行動或承諾。

11

接納你的憤怒

「生氣卻不要犯罪，不可含怒到日落。」

——〈以弗所書〉第四章二十六節

當你不為自己的憤怒負責時，世界將被迫為你負責。憤怒可以是你用來成長進步及發展人生的力量（一種保護你的家人、開拓你的道路、形塑你所居之身的神聖力量），或者它可以是焚燒及摧毀你所愛之物的火焰。憤怒本身並不是問題，但你用憤怒來做什麼可能會是問題。你與自己的憤怒處於什麼樣的關係，將決定它的用途。

不幸的是，大多數的男人與他們的憤怒有著消極又不健康的關係。這是他們的母親告訴他們要避免的情緒，因為她不知道該如何處理它。你可能見過你的父親被怒火吞噬，或者那些有憤怒特質的男人經常受到社會的批評。然而，憤怒僅是一種訊息，並且是有價值的訊息。它讓你知道自己何時受了傷、何時被越過界線，以及何時你是在保護自己。學會如何調整、調節及運用你的「憤怒情感能量」，可說是你所能發展的最有價值的能力。

曾經有很長一段時間，我認為自己的憤怒是個問題。童年和青少年時期，我會在打曲棍球時打架、把臥室的牆捶出洞來，也不畏懼在學校挑釁鬥毆。當時身為年輕人的我充滿了憤怒。我還記得跟朋友去俱樂部之前會先喝酒，唯一的目的就是要找人打架。我竭盡所能地保護我愛之人免於我的憤怒的傷害，但這往往導致我忍受著憤怒直到它爆發出來，最後只留下巨大的羞愧和懊悔。當我失去控制、摧毀生活、破壞關係時，我那自主的憤怒就變成了羞愧和憐憫。我不知道如何表達自己的憤怒，只能採用兩種策略中的一種：吞下去，或是被它吞噬。但無論哪一種策略，都讓我覺得自己並不是懷著光榮或尊重來帶領自己。

對大多數男人來說，憤怒是通往其他情感世界的大門。它是站在我們的哀痛、喜悅、悲傷和眞相之門的忠實衛兵。憤怒是我們現在的自己和我們希望成爲的男人之間的障礙。

你與憤怒的關係

了解及解讀你的憤怒的第一步是問自己，你對憤怒本身抱持著什麼樣的信念或故事。它是有害的嗎？它會造成破壞嗎？它令人不堪負荷嗎？或者它被看成是必須不惜一切代價避免的危險嗎？

詹姆士就是一個很好的例子。他的母親告訴他，憤怒的男人是粗魯的人，所以他用了幾年的時間試圖完全避開自己的憤怒。他在感情關係中與自己的憤怒切斷連結，容許交往的女人對他恣意妄爲，並因爲他那無法表達的憤怒變成他無法逃脫的牢籠而深感羞愧。於是他的憤怒轉而向內指向自己，使他成爲苛刻的批評者，不斷地對內自我攻擊。他的腦海中經常縈繞不去的一種聲音是：「我到底出了什麼問題，爲什麼我就是不能說些什麼呢？」

泰德跟自己的憤怒切斷連結，因爲他認爲它不可能帶來什麼好處。他很難對妻子說「不」，也很難與自己的孩子設定界線。他經常因爲自己的人生被其他人控制而感到灰心喪志，但其實他是對自己的憤怒感到害怕。他擔心如果把憤怒發洩出來，會在他的關係中引發浩劫和混亂。

馬特發現他經常被自己的憤怒吸引，然而在處理它時卻又感到無助。他生氣時會感到失控和充滿敵意，但幾乎總是在事後爲自己感到羞恥。馬特的父親是一個凡事都會先發脾氣的人，當事情不如他意時，他就會讓身邊的每個人都知道他不爽。馬特承襲了父親的個性，即使他極其渴望變得更加穩重、諒解他人和有同情心。

尼克從小就看見父母上演著消極抵抗的舞蹈，導致他懷有一種無聲、刻薄又蔑視人的憤怒，而這種憤怒會在理智上批判他的妻子和孩子。他幾乎從沒覺察到自己有多麼憤怒，並認爲妻子才是眞正的問題所在。儘管尼克才是那幾乎總是在生氣、沮喪、對最親近之人懷有深深蔑視的人，但他總是認爲妻子的憤怒「太過分」了。

眞相是，許多現代男性對自己的憤怒感到害怕。憤怒是他們幾乎沒有與之建立關係的內在猛獸，但他們身邊的人卻每天都受到它的影響和衝擊。

那麼你呢？你是否眞的對自己的憤怒負責？憤怒在你的生活中是否占有一席之地，或者你曾試圖將它鎖在心靈深處的黑暗洞穴中來處理它？當你與自己的情人、配偶或同事爭吵時，你的憤怒是否使你無法思考其他任何事？你是否發現自己一生氣就無法溝通，還是你已經變得非常擅長避免憤怒，甚至不知道自己生氣時是什麼樣子？

在學會運用你的憤怒情感能量之前，請先探索你一直在講述的關於憤怒的故事、你與憤怒之間的關係，以及這如何影響了你的生活。

回答問題↓揭開真相

- 我與憤怒的關係是______
- 我一直認爲憤怒是______
- 憤怒對我生活的影響是______
- 我會忍住怒氣的時候是______
- 我會發洩怒氣的時候是______
- 我擔心別人認爲我的憤怒是______
- 如果我的憤怒有聲音並能對我說話，它會說______

把反應性的表現當成指南針

身爲男人，你對自己最深的信任和力量，取決於你的回應和作出決定的能力。要有意識地選擇你想說、想做或想傳達的內容。然而，當你反應過度地與人互動時，你作出獨立又有意識的選擇的能力將會大大地減弱。當你作出反應性的表現時，你其實是在對別人的刺激（情緒、評判、意見和恐懼）作出反應。你失去了自己的主權，並且你的行動是受到某種外部力量的任意擺布。而反應性不僅是與勃然大怒或發脾氣有關，它還包括封閉自己、不給出愛和感情、作出消極抵抗的評論、凍結反應、避免互動，所有這些都是反應性的表現形式。

若想對自己身爲男人有更大的信心，你就必須仔細觀察自己的反應性。它可以成爲引領你更深入了解自己的指南針，也可以成爲女妖的歌聲來誘使你觸礁在受害者心態、怪罪他人和幼稚的無知岩岸上。

你是那種假裝沒事卻默默地評判身邊的人，並以這種評判來對待他們的人嗎？還是你是非常快做出反應和生氣的人，每當他們做出你不贊同的事情時，你就會潑他們冷水？

在輔導過無數的男性後，我發現沒有什麼能像親密關係那樣喚起和激起你的反應性。事實上，那些最了解你的人也是最知道如何激怒你的人。他們可能會說或做一些被你解讀爲攻擊、居高臨下或不尊重的事情。你可能會斥責他們的行爲，或是在內心決定不理會他們幾個小時。若你想看出自己的行爲中的反應性，那麼可以用一週的時間來觀察你對於伴侶或你無法忍受的同事的挫折、評判或憤怒的細微之處。

你的反應性就像是指出你的陰影的霓虹燈號。它是顯示你感到自卑、防衛、受傷、不被尊重、被背叛、尷尬、被遺棄、被忽視或失控的信號。反應性是顯示你的意識和回應能力在某種程度上被劫持或減弱了的信號。

防衛、消極抵抗、感到無望、封閉自己或挑釁地批評，都是反應性的例子。

反應性的眞相是，它不是一種有意識的回應。你並不是從一種平靜、穩定、獨立的方式來回應；你是以一種預設、情緒和防衛的方式來應答，而這種方式通常是爲了掩蓋你的想法或感受。

以下是一些顯示出你是反應性的跡象：

- 反應過度（彷彿某件事比它實際上的更嚴重或更重要）。
- 聽見自己說著跟過去一樣的話，幾乎就像是在重複。
- 使用「絕對」的字眼，例如：「你總是」、「你從不」、「你只有」。
- 感覺情緒的強度迅速在增高。
- 與溝通的對象切斷連結。
- 對反應的對象沒有同理心。

- 誇大你的感受。
- 對於「我是對的」有強烈的執著。

處理反應性的關鍵是，當你作出反應性的行爲時要及時發現。要察覺到自己無意識的憤怒。無論你是在消極抵抗、評判、充滿敵意、防衛或扮演受害者的角色，你都要非常熟悉自己的反應性以及你的反應行爲的跡象。這包括看出與你的反應性相符合的生理、情感、心理和語言信號。

當伴侶指出你忘記把垃圾拿出去丟時，你可能會注意到自己的胸口感到緊繃或臉部發熱，或是發現自己在爲忘記的原因找藉口時變得防衛。

除了作出反應性的行爲時要及時發現外，注意身體的跡象也是作出暫停的有用工具。正如著名的奧地利神經科學家及精神科醫生維克多・弗蘭克（Viktor Frankl）所說：「在刺激和回應之間有一個空間。在那個空間中，我們有能力選擇自己的回應。而我們的成長和自由就在我們的回應中。」

當你的伴侶、老闆或同事做了激起你的反應性的事情時，請先暫停。在你作出應答之前先暫停一下。停下來並重新連結你的呼吸，讓它清除你焦躁不安的迷霧，然後暫停一下，如此一來，你便可以集中自己的意識，從更穩定、更平靜的心境來回應。

利用以下五個步驟來處理你的反應性。要及時發現自己作出反應性的行為，並為自己負起責任，即使你希望把責任推卸給別人或是對他人作出反應。

處理反應性的方法有：

一、熟悉跡象（在生理、情感、心理和語言上）。

二、暫停（即使只是一下子），並在回應之前保留一些空間，以便確定你正在經歷的是什麼。

三、大聲說出來（「我現在是／感到／變得反應性」）。

四、說出你的真實感受（感到受傷、不被尊重、悲傷、擔心、焦慮、被遺棄、被排斥、尷尬）。

五、將注意力從認知轉移到知覺上（把焦點從思想轉移到身體的感覺上，並重新連結你的呼吸，吸氣要深，吐氣要長）。

處理你的反應性的一些提示有：

- 我知道自己處於反應性的時候是＿＿＿＿
- 我身體的感覺是＿＿＿＿
- 我會變得有防衛心的時候是＿＿＿＿
- 我會評判他人的時候是＿＿＿＿
- 我會封閉自己或不想回應的時候是＿＿＿＿
- 當我是反應性的，我會說出的話是＿＿＿＿
- 我合理化的行為是＿＿＿＿

情感能量與強度

所有的人身上都帶有某種情感能量和強度。這種情感能量可以推動我們建立自己的事業、創造出偉大的藝術、與伴侶激情地相愛，或是與那些想要占我們便宜的人設定清楚的界線。我們的情感能量有保護、提供、建立和創造的能力，同時也有破壞、導致痛苦、令人困惑、孤立和羞辱的能力。我們的情感能量是早上喚醒你準備全力以赴面對鍛鍊身體的挑戰，或是說服你按下貪睡按鈕好幾次，最終才讓你拖著屁股爬下床的東西。

爲了做好讓你更有效地處理你的情感能量和內在狀態的準備工作，我們先來釐清一些事。首先，你的情感能量是你直接感受到的體驗。你直接感受到的體驗可能是憤怒、尷尬、羞愧、壓力、悲傷、困惑、寂寞、麻木、空虛，或是你正在感受的任何其他體驗。

而「反應性」，如同我們已經說過的，是憤怒的情感能量失控時，你直接從憤怒中行動。你無意識地進行溝通和作出決定，主要是因爲你失去了控制而由憤怒的情感能量來主導。

由於理性的頭腦是用二元的方式處理事物，因此當我們經歷強烈的情感能量時（暴怒、悲傷、焦慮、哀痛、無望、恐懼或激起性欲），其所面臨的主要問題是，我們通常只會採用以下兩種方法之一：關閉它或從中行動。

問題在於，要不就是關閉它、要不就是從中行動的二元做法，並沒有教導我們如何與自己的內在狀態相處或應對其強度。當我們只能選擇關閉它或從中行動時，我們男人就失去了選擇的自由，而成爲自己體驗的奴隸（或是逃避它的奴隸）。

假設你在家裡，並爲自己和老婆訂了晚餐。她和孩子進門看到你點了泰國菜，於是沮喪地說：「泰國菜？我眞的不想吃泰國菜。我本來希望你可以點一些沙拉。」此時，大多數的男人會在身上感受到一種輕度或中度的憤怒、沮喪、羞愧或失望的情感能量，然後要不是立即試圖不予回應、忽視它，要不就是直接從中反應，變得防衛、攻擊或消極抵抗。你可能會關閉自己的情感能量，並且稍後必須透過看色情內容或多喝一杯酒來麻痺自己；或者你會直接從中反應，並說出令自己立刻後悔的話。

或者，假設你在商務的晚宴上，坐在一位你覺得非常有吸引力的人旁邊，你們越聊就越感受到性的吸引力在逐漸增強。你能感覺到對方也對你有意思，但由於這是公事的場合，任何進一步的舉動都顯得不適當。也許你試圖關閉自己的情感能量，或者如果這股情感能量變得過於強烈而充斥整個身體，你可能會從中行動而說出你自知不得體的話或進一步的行動，但你又覺得好像無法控制自己，因爲你的情感能量的暴衝和強度已經接管了你。

這兩個例子中的男士都不是自由的人，他們是被自身體驗的情感能量和強度束縛的人。

與其關閉你的情感能量或立刻從中反應，其實還有第三種方式：運用它。透過運用它，我們可以開始調節或調整我們的情感能量——有時候減弱它的強度，而在必要時增加它的強度。如此一來，我們不僅併入了自己的情感能量所帶來的有價值訊息，同時也更牢固地處於主導自己和自己的人生的地位。

要開始運用你的情感能量，其方法是一整天都對你的直接體驗保持專注。不論何時，只要可能的話就進行檢查（在工作會議中、與老闆或妻子談話時、或是與母親講電話的時候），並標示你的情感能量。一開始這可能感覺不自然或難以做到，因爲你可能與自己的直接體驗沒有太多的連結。沒關係，這更是我們必須加以練習的理由。

首先，標示這股情感能量是什麼（憤怒、悲傷、麻木、寂寞等等），同時描述伴隨著這股情感能量而來的身體和能量上的感受。

要了解，每種情感能量都有不同的感受、能量和身體的位置，並且對每個人來說都不一樣。有些人可能會感覺他們的憤怒情感能量像是手腳的震動，彷彿他們必須做些什麼。而其他人，就像我一樣，可能覺得自己的憤怒像是腹部的一股熱氣迅速地竄升到胸口，就像是一團吞噬心臟的猛火。這種情感能量一開始可能很溫和，但當它變得更強烈時，它可以迅速地擴散到全身。

你是否感受到熱度、重量或刺痛？你是否感覺呼吸急促、身體某些部位的緊張、縮緊、空洞或空虛感？它是否感覺像是爆炸和擴張性的、冰冷又銳利的，還是緩和又模糊的？

下次當你感到被激起或引發某種情感能量時，留意一下它在你身體中是什麼樣的感覺，並盡你所能地描述它。當這種激起變得更強烈時會發生什麼？有什麼東西改變了？

那麼，羞愧或尷尬的情感能量呢？當你做錯事或犯下悔不當初的錯誤時，那會是什麼樣子？那股情感能量在你身體中是什麼樣的感覺，而當它變得更強烈或更弱時又會發生什麼？

注意不同的情感能量（憤怒、性興奮、悲傷、羞愧、尷尬等等），在身體中有什麼不一樣的感受。

最後，這股情感能量的強度是多少呢？強度就是對情感能量的衡量。你的情感能量有多激烈和強大呢？你的憤怒有多強烈呢？它是一種淡淡的、在背景中隱約發出的低吟聲，還是嘈雜、劇烈、令你難以承受到幾乎無法做事？它是低強度又可控制的（例如1至4分）？是強烈或開始累積的（4至7分）？還是接近不堪負荷又變得難以處理的（8至10分）？如果它是低強度或中等強度，你能與這個強度共處，同時持續專注在這個互動上嗎？還是你注意到自己是從這股情感能量來行動，因爲它已經變得太火熱或太強烈了？如果是這樣，你可能必須暫停你正在進行的互動，或是花一點時間呼吸，並將你正在體驗的一些能量引導到身體底部，進而將其釋放到地面，以便繼續參與互動。

學會與你的直接體驗共處，而不是關閉它或從中行動，這就是通往解脫的途徑。透過學會運用你的情感能量，你就擴展了自己選擇如何回應、說話、參與和作決定的能力，並提升了你深刻地去感受那些最重要的時刻的能力。

整合練習 22

接下來幾天，練習去了解你的情感能量，讓它成為有意識的練習，直到這成為你的習慣。

透過深達身體中央和丹田的深呼吸，將你的覺知帶入身體。連結你的情感能量並標示它。你感受到憤怒的情感能量嗎？悲傷？麻木？壓力？緊張？喜悅？幸福？平靜？

接著，評估這股情感能量的強烈程度，由你給它一個程度標示。

最後，描述與這股情感能量相關的身體和能量上的感受：熱、冷、擴張、收縮、振動、受限、緊張、鬆弛、輕鬆、空洞等等。

能與那股情感能量保持接觸多久就多久，而不要關閉它或從中行動，同時注意那股情感能量隨著時間發生了什麼樣的變化。它的強度是否自行增加或減弱了？在與情感能量接觸的過程中，是否出現有價值的訊息，例如更清楚地了解某個決定、行動、界線等等？注意在與情感能量接觸時出現的一切，而不要帶有評判、羞愧或挫折感。

運用憤怒的情感能量

若能運用憤怒的情感能量，也就幾乎能運用所有你會體驗到的其他情感能量。對大多數男性而言，他們允許自己感受的兩個最強烈的情感能量，就是憤怒和激起性欲。然而，這並不表示悲傷、喜悅、羞愧、哀痛或其他體驗的情感能量不會在你的生活中出現，但有許多男人是透過憤怒的途徑來學習如何運用自己內在的情感能量。

運用你的憤怒的目標是，把憤怒視爲神聖的存在。它是一種寶貴且不可或缺的生命元素，使你能表達自己的主張、設定界線、建立秩序和結構，並了解你願意和不願意容忍的事情。如此一來，我們就使憤怒成爲神聖的體驗，而不是可恥的體驗。

神聖的憤怒情感能量是解放、自由和保護的能量。這種憤怒超越了保護「我」，而是致力於保護「我們」。它照亮了你生命的黑暗，並引導著一股力量，這股力量使你能與伴侶建立溝通的準則、與同事進行棘手的對話、勇敢地面對挑戰，並使他人在你的身邊感到安全。要與神聖的憤怒建立連結，你就必須學會停止與它融合或完全切斷連結。你必須持續專注於它，深深地呼吸並感受憤怒在身體內的感受（心跳、臉部發熱、能量在手臂或腿部的流動），同時保持穩定和專注於當下。

神聖的憤怒不會攻擊、貶低、迫害或醜化別人。它沒有敵意或冷酷，它不會覺得罵人有理，也不會利用操控或讓人吃閉門羹來獲得權力。它建立了溝通的準則和秩序，並保持一種根植於愛的連結深度。神聖的憤怒的目標是，保護你的人際關係的神聖性、尊重你的眞相，並在混亂中建立秩序。

神聖的憤怒能感受到身體中的熱度和能量，而不會讓它滲透並攪渾你的思想或意識。丹田的火，思想中的廣闊天空。現在，這可能聽起來有點超現實或虛無縹渺，因此我們來讓它變得實用。

如果你是一個難以正視自己的憤怒、對它感到害怕或不知所措的人，那麼你可以讓自己處於一些情況中，在這些情況下，你可以允許自己感受憤怒，而不會與它融合或關閉它。參加拳擊課程、巴西柔術或其他的武術。加入男性團體，並公開表示你的任務或意圖就是與自己的憤怒連結，允許自己去體驗它及表達它。別再找「適當時機」或「適當方式」來表達憤怒，而是主動去面對讓它發洩出來的不適感。

從簡單的做法開始，例如說：「我生氣了」或「我生氣了，而且我可以感受到它在我的——（臉、手、胸口、肚子等等）的熱度」。

下次當你處於衝突或者感受到憤怒的情感能量在你的身體中湧現時，練習將憤怒的能量透過呼吸帶回到身體的腹部，讓意識和覺知保持在身體內，減少與思維的聯繫。感受憤怒在你的腹部、胸口、手臂和腿部的強度，同時保持覺察自己的呼吸。

不要與你所感受到的強度或力量切斷連結。與這種強度共處，並看出自己的極限——你的極限就是已經達到你無法再運用自己的憤怒，並即將被它淹沒的地步。利用上述的方法來與你的憤怒建立連結，並開始學習如何運用它，而不是任它宰割。覺察它的強度，並在其中保持意識。

這種練習很類似拳擊手或武術高手與其他人過招時的體驗——學會在激烈的交手中保持敏銳。無論在何種情況下，只要你感受到威脅或被誤解時，都要學會保持穩定而不被憤怒、無望或焦慮所吞沒，如此，這場戰鬥你就已經贏了一半。

練習將憤怒的情感能量引導到地板上，讓它將你牢牢地固定在地面上，從而使你能夠保持穩定。

練習承認並表達你的憤怒，而不帶有任何的攻擊、羞辱、汙衊或迫害。

- 我生命中一直感到氣憤的是＿＿＿＿
- 我一直在避免發脾氣的是＿＿＿＿
- 令我感到羞恥或失控的憤怒是＿＿＿＿
- 我平常避免發脾氣的方法是＿＿＿＿
- 如果我讓自己表達憤怒，我擔心會發生的事情是＿＿＿＿
- 我感覺憤怒失控的時候是＿＿＿＿
- 我知道自己是出自於憤怒而行動的時候是＿＿＿＿
- 當我眞正表達自己的憤怒時，我感到＿＿＿＿
- 生氣時，我身體的感受是＿＿＿＿
- 生氣時，我最有感受的身體部位是＿＿＿＿
- 生氣時，我的呼吸會＿＿＿＿
- 如果我的憤怒是健康的，它將＿＿＿＿
- 「神聖的憤怒」這個概念讓我覺得＿＿＿＿
- 如果我表達憤怒是爲了保護及維持溝通的準則或連結，那麼它的表現會像是＿＿＿＿

整合練習23

走向神聖的憤怒

一、確認是誰或什麼引發了你的反應性、憤怒、沮喪或受傷感。具體說明你會有反應的原因。

現在我感到＿＿＿＿＿。引發我的情緒的人／事物是＿＿＿＿＿。

我會生氣是因爲（你實際上是爲了什麼而憤怒？）＿＿＿＿＿。

二、接下來，讓憤怒／怒火有一個發聲的機會，而不加任何修飾。

如果我的憤怒／怒火有聲音，並且可以毫無限制地表達，那麼它會說＿＿＿＿＿＿＿＿＿＿（寫幾句話）。

三、使你的憤怒變得神聖。

如果我生氣的目的是爲了連結、尊重和愛，它會＿＿＿＿＿。

四、釐清你的需求。

- 我不再容忍的是＿＿＿＿＿＿＿＿＿＿＿
- 我不再允許自己的是＿＿＿＿＿＿＿＿＿＿＿
- 我想要建立的溝通準則（界線）是＿＿＿＿＿＿＿＿＿＿＿
- 我想要採取的行動是＿＿＿＿＿＿＿＿＿＿＿
- 我現在知道、但以前不知道的是＿＿＿＿＿＿＿＿＿＿＿

五、將你的感受、界線和行動濃縮成一個句子。

我知道自己感到＿＿＿＿＿＿＿＿＿＿＿，因此，我要採取的行動或界線是＿＿＿＿＿＿＿＿＿＿＿。

12

解放你的心靈

「眞正的解脫，唯有透過紀律來使心智自由而達成。」

——莫蒂默・阿德勒（Mortimer J. Adler）

恐懼主宰並形塑了大多數男人的生活。它決定了我們與女性、伴侶、家庭、財務、健康和目標的互動方式，並且往往限制了我們選擇自己認爲最眞摯和誠實的東西的能力。這是因爲男人的心中存在著一種錯誤的等價觀念，認爲「只要表現出恐懼，我就不像個男人」，因此有無數的男人害怕被視爲膽怯，最終設計出以避免恐懼爲核心的生活。然而，不表現你的恐懼與不知道你的恐懼是兩回事，兩者的後果也截然不同。

當今文化中的大多數男性，其實並不了解生活中伴隨著他們的恐懼或恐懼本身必須提供的東西。這種盲目無知嚴重地削弱了身爲男人的我們，並使我們無法有自然的機會在心理、生理和靈性層面上擴展自己。

事實上，一個願意挑戰和面對自己的恐懼的男人，對他自己和他所處的團體或社區都有重大的價値。面對自己對於被拒絕、失敗、眾人的嘲笑和可能造成尷尬的恐懼，不僅能爲他人樹立典範，並且對於突破那些阻礙大多數人勇於冒險和改變生活的自然障礙也至關重要。個人和集體面對恐懼的舉動，將促成創新、巧思、社會和諧，以及在生活的各個領域（個人、科技、科學、社會和靈性上）取得各種進步。

想想任何新的人際關係、科學理念或商業點子，它們都必須冒著某種程度的風險，直接將人置於恐懼之中。也許你在自己的生活中也見證過這種情況：你本來很害怕接近某位女性，不敢跟她搭訕或要電話，但結果卻比預期的還順利。

然而，在當今的文化和世界中，不了解（更甭說面對）個人的恐懼是很容易發生的事。現代化和對安全的過度優先考量，限制了男人面對恐懼及證明他們的勇氣的機會。再加上我們沉浸其中的「危機文化」持續泛濫，常常使男人在駕馭自己的恐懼時睡著了，同時不斷地反芻集體的存在性恐懼，並被它們所淹沒。男人再也不被鼓勵冒險去超越他們的沙發、辦公室和例行公事的安全舒適區，而安於虛假的安全感中，因為他們永遠不必承受任何可能在心理、生理和靈性上令人畏懼的事物。

恐懼已成為現代男性分散注意力和馴化最常用的工具。不同意當前的社會論述嗎？不要說什麼，否則你將受到眾人的羞辱和排斥。

不喜歡女友、妻子或伴侶剛才做的事嗎？不要說什麼，因為那會引起爭吵；甚至更糟的，她們會離開你。

想追求某個目標，但知道別人會對你說三道四或嘲笑你嗎？算了吧，何必自找苦吃，況且還可能失敗。

在你的關係中，恐懼限制了你與伴侶保持連結的能力。也許你害怕妻子會失望，所以你從來不反駁她或設立界線；或許你同意她想做的每一件事，卻在你和你的關係中累積了極大的怨恨；你可能很害怕在性方面會被拒絕，於是你避免了任何能滿足你的性欲望的對話和互動；又或者，你的內心深處害怕被愛，於是你破壞了伴侶想要親近你的任何企圖。

無論你在當前或過去的關係中面對的挑戰是什麼，你都可以確信，恐懼在幕後控制著你的一舉一動。「萬一她們離開我怎麼辦？」「萬一我又傷害她們怎麼辦？」「沒有了她們，我不知道該怎麼活下去！」「萬一她們有外遇怎麼辦？」種種擔心害怕，說也說不完。

恐懼矗立在你和你想要的生活之間，它是帶領你更接近你能成爲的那個男人的橋梁。如同榮格提醒我們的：「據說，唯有扎根深入地獄的樹才能觸及天堂。」如果你希望成長、擴展、改變或尋找男人的自由，那麼你的旅程將帶你穿越過恐懼的洞穴。

恐懼中的自由

我曾經很害怕不被人喜歡或接納。童年時，我從讓別人高興或對我敞開心扉中找到了安全感和接納感。當時我不知道如何融入他人、自我形象極差，並且不認爲人們會喜歡眞正的我。於是，我變得非常擅長引起人們的注意，並花了很多時間和精力試圖獲得他們的讚許和認可。最後，這變成了毒品。我很害怕自己不夠好或不夠聰明，因此需要尋求讚許和認可來相信我「融入」了他們。在我的人生崩潰並且重建之後，每次我坦白地告訴人們我的人生背後發生的事實時，我都發現自己是在面對那不被人喜歡的恐懼。謊言、出軌、濫用藥物，這些我全都承認。誠實成為我擦掉不被人喜歡的恐懼的鋼絲球。

這些年來，我聽過成千上萬的男人訴說他們的恐懼。

這些男人的恐懼包括：害怕冒險，害怕走出舒適區來追求自己的抱負，害怕面對內心的魔鬼或害怕承認自己的眞相時會遭受的抵制，害怕尚未充分活過這輩子或有目標感的人生就死去，害怕擁有自己的力量、可能性和潛力，以及害怕過去的錯誤、創傷或虐待再次發生。

這些恐懼不是問題。你的恐懼本身並不是問題；你如何應對它們才可能是問題所在。恐懼是沒有解藥的。你找不到可以根除恐懼的五步驟計畫或課程，也無法用任何數量的迷幻藥、治療或尋求刺激的運動來根除你的恐懼。你唯一能做的，就是有意識地去覺察自己的恐懼，走向它並了解它。你可以透過主動走向自己害怕的事物來增強男人的核心特質。展開棘手的對話、愛得更深、坦率地表達自己的想法、追求人生的目標或目的，這一切都會讓恐懼來敲打你的心靈大門。讓它敲吧！兄弟。讓它敲，並歡迎它進來。

選一個你在生活中感到被困住或受限的領域來加以檢視。它也許是你的職業、關係、健康、靈修或性生活。以你的職業、工作或事業爲例，在這個生活領域中，你有什麼樣的恐懼？這些恐懼又如何限制了你賺更多的錢，或是對你的客戶或合作夥伴產生更大的影響？哪些恐懼阻止了你更積極地在你的工作、社群和世界發揮你想要的影響力？你害怕放棄你已經建立的保障和安全感嗎？你擔心父母、朋友或伴侶會說什麼嗎？也許你實在太害怕採取行動了，所以連自己想要什麼也搞不清楚。但無論你害怕什麼，恐懼都是你停滯不前、變得自滿，並放棄與內在之火連結的地方。

你可能經常意識到自己的恐懼，並對它們感到不知所措。你一直在擔心自己是否做得不夠，或是活在不曉得事情何時會崩潰的恐懼中。恐懼已經成爲你運作的主要程式，你不知道沒有恐懼的生活會是什麼樣子。或者，你對自己的恐懼完全一無所知。你假裝什麼都不怕，但其實你是活在對於死亡、父親的身分、未能賺取或儲存足夠的金錢的恐懼陰影下。你假裝自己好像什麼都不怕，但你的伴侶、朋友和家人都能感受到眞相——你害怕，但你不想看到它。

回到你在生活中感到受困、受限或自滿的領域。如果你深入去了解那一部分的恐懼，那麼它是什麼呢？盡可能詳細地寫下來，並盡你所能找出這個恐懼的來源。它讓你想到什麼？它從何而來？正如詩人大衛・懷特（David Whyte）所說：「你該應對的不是你害怕的東西，而是那個東西的母親。」我們往往必須處理的是那令我們產生恐懼的源頭——過去那些被霸凌、虐待、寂寞、童年被忽視、背叛或尷尬的經歷。

也許你的恐懼聽起來像是：「我害怕開創自己的事業。我知道自己有創業的技能、知識和人脈，但我寧願保守一點。我知道自己可以冒險，但我也可能會失敗而令所有信賴我的人感到失望。我太＿＿＿＿（老、年輕、胖、笨）了，早在＿＿＿＿（十年前、去年等等）就應該開始。我不想付出努力。我將不得不放棄一些舒適。我寧願躲避自己所想要的，也不想冒著這一嘗試可能失敗的風險。」

要尊重你的恐懼並與它們保持親近，但別親近到與恐懼融爲一體並從中來行動。這是關鍵：**保持清醒並覺察到恐懼的存在，同時不向它們低頭認輸**。要了解它們：它們來自哪裡？它們想要什麼？它們試圖教導你什麼？以及由於它們的存在，你可以選擇採取哪些行動或方向？你能每天有意識地走向恐懼而不會讓它們吞噬你嗎？一個願意冒險深入自己的恐懼而不需要逃避它們或迫使它們屈服的人，將在其他人被束縛之處找到自由。

責任感中的自由

男人在有責任感的情況下會成長，在沒有責任感的情況下則會退步。若你想在生活中整合任何事物、解放自己的心靈、或是在任何方面發展自己，那麼你周圍的男人將對你的成功產生重要的作用。不幸的是，大多數男人因爲太害怕被視爲軟弱或失敗，而避免對自己負責或被他人追究責任。

太多男人已經變得脆弱不堪，並缺乏讓其他男人反映出自己哪些方面不足或可以做得更好的意願。他們讓自己處在那些同樣沒什麼抱負的男人中間，卻納悶著爲何他們總是因爲生活和自己的渺無成就而感到沮喪，同時又有更多的奢望。男人渴望從自己身上發揮最大的潛力，夢想著實現自己的潛能，卻不願意將自己置於責任的壓力之下。當男人在生活中缺乏責任感或拒絕承擔眼前出現的責任時，他就會退步。日積月累下來，他的自信心、效率和能力將逐漸減弱，他會越來越堅信自己不需要幫助或建議，並認爲自己的意見優於周圍的所有人。這就是災難的導火索。

留意當有人（你的伴侶、老闆、同事或朋友）追究你的責任時，你通常是如何反應的。比如說，你疏忽了截止日期或忘記給客戶發送郵件，而與你一起處理該工作的同事檢查這件事是否完成時，你立刻反應激烈地回嗆他們管好自己的事情就好。然後你打開信箱發送郵件，接著繼續你的一天。

現在，想像這種情況一再發生。那麼，這個人繼續幫助你爲自己的行爲負責的概率有多大？可能不大。他們會停止幫你檢查，而事情將從你這邊開始出狀況。你錯過了期限、沒在承諾的時間打電話給客戶，因爲你沒有責任感，也沒有人追究你的責任，於是它變成了更大的問題。也許你的老闆會在某個時候進行干預，找你談一談關於你的「表現」，或者你會因爲表現落後而錯失晉升的機會。

現在，將這種拒絕承擔責任的態度擴展到你生活的所有方面，這將造成什麼樣的影響？你的女友或妻子會因爲不能說出你忘記做某事而產生怨恨，因爲她必須冒著你會大發雷霆或不理她好幾天的風險。你的朋友不會再給你提供建議或反饋，因爲他們知道反正你也聽不進去，漸漸地，能夠爲你的人生貢獻一份力量的人也減少到零。沒錯，當沒有人能告訴你做錯了什麼、忽略了什麼或能改進什麼，你會感到一種「自由」，但同時你也扼殺了獲得外部觀點的能力。也許你一度以此爲傲，自我膨脹地認爲：「我靠自己成功了，我不需要任何人的幫助。」

恭喜你，你正式斷絕了所有人以有意義和有價值的方式對你的人生做出貢獻。

撇開所有的嘲諷不談，當男人願意負起責任並從他們所能做出的貢獻中找到滿足感時，他們就會成長茁壯。男人特別需要做出貢獻，因爲我們想要做出貢獻。因此當男人聚在一起時，他們自然會想要爲彼此貢獻，通常是透過負責、反饋或直接支持的形式。當我們允許他人對我們做出貢獻時，弟兄之間的情誼就會加深。接受反饋、獲得我們信任和尊重的人的意見，並允許其他人分享他們的觀點，能讓我們看見那些我們可能會失之交臂的事物。

然而，這並不表示你必須聽取或接受每個人的反饋，因爲並非所有的責任都是好的或是有價值的。

在我看來，負責有三種類型：

一、我們可以並且應該忽略的責任。

二、互惠的負責。

三、導師的負責。

首先，確定你可以並且應該對誰負責是很重要的。例如，某些在網路上試圖以他們的高尚、卓越或「道德良善」的標準來向你問責的陌生人，可能就不是獲得你的負責能力最適合的來源。由於社群媒體的普及，使得一些與你的生活毫不相干的陌生人能在網路上試圖以他們的看法、意見、以及政治和宗教的觀點來向你問責。此外，你的生活中可能還有一些人因爲種種因素而不太適合成爲你負責的對象，例如那些自私、喜歡操縱或不誠實的人。但這並不表示你應該忽略那些對生活不負責任的朋友們的見解；這只是要告訴你，你自己應該加以辨識，並確實地質疑他們的反饋。

其次是互惠的負責。這對男人來說是眞正的基石，但往往也是男人所欠缺的一面。他們是你生活中那些與你一起奮戰的人；他們是你生活中那些了解你的挑戰、關係、恐懼、優點、目標、夢想和黑暗面的人；他們是你信任的人，並且可以充當外部的眼睛、耳朵和大腦，來發現你自己和你的生活中你不可能看到的事物。此外，他們也是你深刻了解並且深信不疑的人。負責是互惠的，因爲它是雙向的：你願意接受他們給你的反饋，讓他們向你問責或推動你前進，同時你也願意對他們問責。他們是你花時間與之相處，並全力以赴去深入了解他們想成爲什麼樣的人。一旦了解這一點，你就知道追究他們的責任的內容、地點和方式。那個人想要成爲什麼樣的父親、伴侶和企業主？在他的關係中，他在金錢、靈性和性方面想要什麼？從你的觀點來看，他在哪方面沒有實現？他必須在哪方面負責任才能幫助他更充分地履行這一角色？如果你的生活中沒有這樣的人，那麼請立即將這視爲你的首要之務和焦點。

最後是基於導師關係的負責。這是一種單向的問責形式。一般來說，這個人不是你要反饋的對象，而是直接指導你、對你追究責任、引導你的人。對於你這個男人來說，這種形式的問責可能非常強而有力，因爲它要求你深深地信任並臣服於另一個男人的引導。對某些男人來說，這會是他們拒之門外的問責形式，儘管它可能是一種深度療癒的體驗。經常有人問我，男人要如何找到導師？我的答案幾乎都是一樣的：不要害怕爲此付費。誰是你願意主動聽從的男人？誰是你榮幸地樂意追隨的男人？誰是你深信不疑、並且會在一段時間內將他們的引導奉爲圭臬的男人？找到你欣賞或尊敬的人，並注意當你接受導師的指導時，你的生活發生了什麼樣的戲劇性轉變。

讓一個男人向你問責，就是知道你在那個男人心目中的地位，知道他付出足夠的關心，願意在面對你、挑戰你、確保你信守承諾時，承受那些不舒服的感受。在本書的末尾，你將找到與那些會這樣做的男士們建立友誼和兄弟之情的資源——建立一個彼此共同努力來成長進步的男士聯盟。

要不惜一切代價修復你與負責的關係，並在這個過程中找到自由。

13

整合的道路

「頭腦將世界分成無數個碎片，而心使其完整。」

——史蒂芬．萊文（Stephen Levine）

整合的重要性

當我主持男士週末營並引導學員進行內在的功課時，常有人問我「整合」是什麼意思。他們的問題通常聽起來像是這樣：「我該怎樣整合自己的這一部分？」或是：「我聽見人們談到整合的重要性。它到底是什麼意思？」

「整合」一詞源自於拉丁語的主格 integratio，意爲「更新」和「恢復」；它也來自於拉丁語的 integrare，意爲「使完整」或「重新開始」。它暗示著某種東西將回到它最完整的狀態，使它變得更健全、更健康、更完好或更完整。

若你已經讀到本書的此處，你肯定遇到了一些事情，而這些事情已經被帶回到你的存在的完整性中。你將會努力去面對、挑戰和接受你以前拒絕的事情，而這自然也導向了整合。

舉例來說，比如你讀了關於憤怒的章節，並了解到由於你的過去或認爲憤怒是危險的想法，使你幾乎與自己的憤怒切斷連結。這表示你的憤怒在某種程度上是被拋棄的，並且需要被整合回你的個性和身分中。當你感受到憤怒時，與其不斷地試圖隱藏你的憤怒或與它切斷連結，不如讓自己以健康的方式來體驗及表達你的憤怒，這就是將它整合回你的個性的舉動。

在我輔導男性的過程中，我見證了三種類型或分類的整合。

一、整合失落或被拋棄的部分

整合失落或被拋棄的部分很類似上面那個關於憤怒的例子。它指的是，你為了融入或生存而拒絕、忽視或拋棄自己的一部分。出於各種原因，你可能失去或拋棄了自己的果斷、同情、紀律或對親密的渴望。迎接這些部分回來可能會引發你過去的哀傷、憤怒和痛苦，但它永遠會帶你走向更完整的自己。在閱讀本書的過程中，你可能已經覺察到許多被拋棄的行為、情緒或能力。如果你一直都有在做本書的相關功課，那麼你已經開始踏上將這些部分整合回你的個性的旅程。

二、整合從未發展的部分

我在一個缺乏紀律的環境中長大，因此，紀律不是我天生擁有的一種自然技能或特質。我沒有看到它的必要性，主要是因為在紀律方面，我覺得自己是低人一等的。多年來，即使我看到紀律的欠缺只會對我的生活造成負面的影響，我仍然迴避著它。我散漫、亂七八糟、經常遲到、缺乏自信，因為我感覺失控了。整合紀律表示我必須實踐它。我必須發展及培養那些以紀律為導向的行為。起初這並不容易，但隨著時間的累積，它變成了我的習慣。你的個性中肯定有一些從未發展的領域——果斷、紀律、同情心、勇氣、表達感激、提出自己的需求，所有這些都可以得到發展，而隨著你發展它們，你就將它們整合到你的個性中。譴責自己或希望自己要是能早點開始就好了，這樣做是毫無用處的。現在就開始發展這些部分。找出你從未發展的特質，並在自己身上和生活中建立它。

三、整合未知的部分

這種類型的整合稍微有點複雜。簡單說，它指的就是，我們覺察到自己之前不知道的關於我們自己、我們的行爲和行動的部分。當來自無意識心靈的資料或訊息進入我們的意識視野時，我們突然覺察到以前沒注意到的某個東西。也許你做了一個夢而解決了某個特定的問題，或者你在別人的行爲中看到了自己，使你對爲何你會破壞關係或對妻子不佳有了新的了解。整合未知是一個自然的過程，你無法強迫它，但你可以關注它。如果你懷著好奇心觀察你的夢境、開始在別人身上看見自己的影子，並閱讀神話、象徵符號和原型，那些未知的領悟將會自然地發生。通常這些領悟也會伴隨著行爲上的改變和轉變，但只要你給予關注的話，它將會自己照顧自己，或是指引你採取必要的行動。

想想你一直試圖整合自己的某個部分——你的憤怒、紀律、果斷或同情心。這部分是你失去了的、從未發展的，還是你一直都不曉得的？一旦你有了答案，問自己：「對我來說，要重新取回、發展或認識我的這一部分會是什麼樣子？為了整合這一部分，我可以採取哪些行動、作出哪些決定和選擇、進行哪些對話，並下定哪些決心？」

整合既是有意識、也是無意識的過程。它在你努力進行時發生，在你不注意時深化。

整合是一種生活方式——一種實踐及在生活中確定自己的位置的方式。當你整合了那些失落的行為、信念或情感時，你會自然地擴展，而這種擴展是整合的副產物。成長並不是一種自給自足的體驗，而是在我們消化了各種必要的養分（亦即整合了關於我們自己的那些已經失落、從未發展及不知道的部分）後的結果。

整合練習24

我們來探索你已經開始整合的部分，並釐清哪些功課仍必須進行。

一、標示並寫下你已經透過本書的步驟開始進行整合的一些行為、信念和有關你自己的部分（例如：技能、行為和情感）。

二、你已經採取了哪些步驟或行動來開始整合的過程？舉例來說，如果你正在整合果斷性，那麼你做了什麼來發展它或允許它進來？是進行一次棘手的對話？設定界線？還是在平常你會退縮的情況下勇於拒絕？

三、已經整合或開始整合是什麼樣子？有什麼好處？
四、有哪些失落了或被拋棄的部分是你仍想要整合的？
五、有哪些從未發展過的部分是你仍想要整合的？
六、為了實現這一點，你必須下定什麼決心？

藉由寬恕來整合：如何寬恕自己和他人？

我每天都會被問到這個問題的不同版本：「我該如何寬恕自己或傷害過我的人？」這些年來，我發現有數不清的男人在整合和成長的某個方面感到停滯不前，因爲他們無法寬恕某個人或自己。這種寬恕的欠缺會使我們無法整合那些背叛的教訓或療癒痛苦，並且通常也表示與該問題相關的行爲、信念和信任尚未得到解決。寬恕可能是整合的障礙，也可能是整合正在發生的跡象。

在我背叛了自己、家人、朋友和我交往的女人之後的幾個月裡，我一直問自己相同的問題：「對於我那堆積如山的背叛罪行，我怎麼可能獲得寬恕？這簡直難如登天。」

當我的導師伯納德輔導我時，這個問題開始浮現：「我如何寬恕自己和他人？」

在我們的一次談話中，他問我是否在任何的宗教環境中長大。

「是的。」我回答：「我是在羅馬天主教的環境中長大的。為什麼要問這個？」

「你還記得〈主禱文〉嗎？」伯納德問道：「就是每次布道時都會唸的那一篇。」

「當然記得。」我回答：「怎麼了嗎？」

「那它關於寬恕的部分是怎麼說的？」

我想了幾秒鐘，一口氣唸出那一節：「饒恕我們的過犯，如同我們饒恕人的過犯。」

「你知道它最初的意思嗎？」他問。

「我其實不太清楚。」我說，想知道他問這一連串問題的目的。

「『過犯』的原意是『債』。它的原話是：免我們的債，如同我們免了人的債。『債』並不是指金錢，雖然有時候可能是指金錢。原話的重點是在講，清除我們受到背叛、信任被破壞或受到某種冤屈時感覺別人欠我們的債務。所謂的寬恕，就是釐清你認為自己欠別人或別人欠你什麼，諸如在情感、心理、言語上等等，然後要求直接清償或完全一筆勾銷。」

這在大多數的宗教和靈修中都是如此。缺少了寬恕，苦難就會發生，而寬恕的舉動乃是通往解脫和整合的道路。

當我們被某人背叛或冤枉時，我們會覺得他們欠我們；當我們背叛或冤枉別人時，我們會覺得我們欠他們。

我們不僅深受一種誘人的想法（亦即別人欠我們或我們欠別人）的傷害，並且我們會從這種虧欠的心態來行動。它開始影響我們的行動、決定、行爲和溝通。我們可能因爲感到虧欠而表現出軟弱、需要過多關懷、怨恨、厭惡，並合理化各種行爲。

想一下：也許你曾讓伴侶失望過、出軌過，或在情感、性愛或財務上失信過。你知道你傷害了他們並且失去了他們的信任，因此你感覺好像有一個信任、連結、親密、溝通或愛的債務。你可能發現自己努力表現出最好的行爲或試圖「彌補他們」，並從「我讓你失望了，所以我虧欠你」的心態來行動。但你眞的虧欠他們什麼嗎？這就是寬恕模糊不清的特性——當你是從負債的狀態來行事、通往寬恕的道路又是未知的時候，你怎麼知道你是否眞正寬恕了別人或是被人寬恕了呢？

首先，釐清你覺得別人欠你什麼，以及你覺得自己欠那些你傷害過、失信過、背叛過的人什麼。這並不表示你應該得到或眞的被欠了這些東西，但這可以讓你具體地了解到你一直在尋求什麼來讓寬恕發生。你只是在尋求一個道歉嗎？改變的行爲？時間或關注？你必須聽到某些特定的話嗎？你是否在尋求同情，以及更深入地了解背叛所帶給你的感受或疑問？還是你只是因爲不想面對自己的痛苦才緊抓著不放手？

問自己：「我覺得他們欠我的是＿＿＿＿＿＿＿＿＿＿。」

一旦釐清了這一點，問自己這是否是你讓寬恕發生眞正需要的東西，或是你可以完全放下的東西。它是你可以一筆勾銷的債務嗎？

那麼，自我背叛又該怎麼辦呢？你如何寬恕自己背叛他人和自己的正直？你欠你自己什麼？

記得有一天早上我坐下來，根據我和伯納德的對話，寫下了一些關於這個問題的日記。

「我欠自己什麼？」我寫道，接著是：「我怎麼知道呢？也許是一些自我尊重？我欠自己很多東西。」於是，我開始把它們都寫了出來——所有我欠自己的東西。這是一個很長的清單。我了解到，寬恕自己意味著去做那些我一直在迴避的事：給自己同情、培養紀律、給自己失敗和犯錯的空間、相信自己，並把自己打造成我所尊敬的男人。

這意味著我必須以這樣的方式生活：讓尋求自己和他人的寬恕，成為我的言行和決定的指引。如同我所了解的，寬恕不是為軟弱或無能的人而設；它是為勇敢無畏的人而設，它是為那些希望整合自己那些看似無法觸及的面向的男人而設。

我向你提出的挑戰是，讓你的人生成為對寬恕這個問題的回答。

讓寬恕塑造你、磨練你，讓它在釋放你一生積累的情感、關係、性和心理債務的道路上指引你，並讓它看著現在的你成為你一直都知道自己能成為的那個男人。

【第四部】

離開之後，留下什麼

14

死亡與遺產

「誠實是最富裕的遺產。」

——莎士比亞

你希望留下什麼印記

遺產是小我企圖達到永生的嘗試。它想用超越肉體的形態來繼續活下去，並試圖欺騙那人生終有一死的結局。傳統上，遺產是指你傳給後代的物質財產，好讓他們在未來能過上更好的生活。如今，對那些深深擔憂自己的人生沒有意義、或至少不如他們所言或所希望的那麼有意義的男人來說，遺產已成爲一首誘惑之歌。

總有一天，你會死去，留下的唯有你所建立的東西，以及人們對你的記憶。甚至有一天，這一切也會逐漸消逝。要知道，現在的你，此刻以及每一刻的你，將成爲你留下的遺產。它將銘刻在你所愛之人的心中，至於留下的遺產是什麼，則由你是什麼樣的人，以及你體現、代表、教導了什麼來決定。

以成長進步和擴展爲人生指引的人，自然會留下遺產。這不是因爲他需要或必須讓自己的人生有意義，而是他在生活的過程中就讓自己的人生有了某種意義。

遺產不是我們該有的意圖，而是有意義地去過生活時的副產物，是我們實現了自己的目標和潛力的副產物。

追逐遺產，永遠是在抓一個幻影；追求目標和意義，才能留下實質的東西。面對遺產的問題時，我們所有人都必須問自己的眞正問題是：「我是否願意不惜一切代價去看見我眞正的能力？」

你是否願意放下自己所執著的安逸並追求你的能力，即使不知道結果會如何？你是否能刪除手機上的那些干擾、關掉電視、放下垃圾食物，並一路勇往直前？你是否願意努力不懈，並允許自己在追求目標時被那些冒險、失敗、經歷和障礙加以鍛造？如果是的話，那麼就勇往直前，讓自己持續地成長進步。

不要陷入對未來和可能錯過的事物的固執追求，而忽略了你現在所建立的生活和此刻的自己。要盡你所能全神貫注、毫無分心地經常陪伴你的孩子，與你的妻子、朋友和家人坐在一起，看著他們的眼睛來傾聽他們的問題。在你有能力的時候，要盡你所能給出你所能夠給的，而你這個男人所代表的特質也將烙印在你遇到的每個人心中。

然而最重要的是，讓你的遺產和生活都是眞實的。

在死之前，先練習死亡。讓生命中那些停滯不前的信念、關係和活動結束。事實上，大多數的男人並不是害怕某個事物的終止或結束，而是害怕那隨之而來的哀傷和不確定性。我們其實害怕的是那徘徊在終止、限制或結束的門檻之外的未知。死亡或任何的結束，其實就是純粹、濃縮、高純度的未知。

然而，這就是實踐，我的朋友。它是你必須在日常生活中親自去體驗的。無論是僅此一次的對話結束、捨棄無益的信念、分手、父母過世、離職、對伴侶的看法改變、或是結束持續的期待，所有的這一切，你都必須去面對它、感受它和迎接它。

關於你的個人發展或個人成長，其隱藏的眞相是，它同樣是一種個人死亡的實踐。它是對你的心理精神層面的尊重，這些層面正在脫落並且不斷地消亡。事實上，使成長變得困難的，往往是我們對那最需要放手讓它結束的事物緊抓著不放。

隨著你成長並發展出新的信念、習慣和關係，那些舊有的必然也會逐漸退去和消失。就如同生長或生命一樣，成長進步也與死亡有關。這對大多數人而言可說是眞正的挑戰，因爲阻礙我們前進的根本原因，往往是我們不願意接受某種結束、限制或死亡。

練習見證死亡

幾年前，我開始每天針對自己的死亡進行靜心。事實上，我曾有過幾次近乎死亡的經歷，有些是因爲我自己的愚蠢，有些是因爲別人的愚蠢，還有一些是我至今尙無法解釋的情況。在其中一次事件之後，我對將死亡整合到生活中的樣貌感到好奇。我讀過許多關於「念死」（*memento mori*）——古代一種將死亡謹記在心或「勿忘你終有一死」的實踐——的內容，但還沒有制定任何儀式來將它落實在生活中。

有一天早上，出於純粹的好奇，我大致計算了我還有多少天可以活。我用北美男性的平均壽命（八十歲）減去我的年齡（三十四歲），然後將這個數字乘以一年的天數。

一萬六千七百九十天。

我還可以活一萬六千七百九十天。

也許多一些，也許少一些。

我大概還有四十萬二千九百六十個小時可以呼吸、享受、探索和體驗這個人身的生活。當然，前提是我足夠幸運能夠活那麼長。

這是一個奇怪的數字，在我的內心感覺更奇怪。有一段時間，我不知道該如何看待這個數字。一萬六千七百九十天。就這樣？看起來好像不是很多。我曾有過卡債比剩餘的生命天數更多的時候，而這種想法確實令人擔憂。

記得當時我坐在辦公桌前，試圖確定我該如何理解這個數字，以及它與死亡（或者應該說與我的生命）的關聯。這引發了許多關於我想要如何度過每一天、以及我希望自己的人生有什麼意義的問題。我想要做什麼？我想去哪裡旅行？我想要建立什麼？我不知道從哪裡開始，所以我下定決心每天早上倒數自己的生命天數。

接下來的幾個月，每天早上醒來，我就減去一天的壽命，並寫下知道自己的生命正在走向結束的感覺。我開始真正地感覺到，生活中的一些問題是多麼微不足道，以及緊抓著懊悔是多麼徒勞無用。身爲男人，我們可能會陷入對永恆和無窮理解的追求中，總是需要確定性和答案，並渴望在自己的眼前將生活問題的複雜紛亂整理清楚，然後解決掉。但眞實的情況很少是如此。

我發現一種奇特的寧靜感伴隨著新的緊迫感開始浮現。我感覺到一種新的專注和清晰，並被迫去面對我對死亡的恐懼。在那之前，我一直堅信自己是不怕死的；但在落實這件事之後，我逐漸了解到我害怕的是生活。生活是眞正的威脅，因爲它是即時要面對的。它帶來各種困難、失落、哀傷和困惑。但慢慢地，死亡影響了我的生活方式。

因此，我們必須練習見證死亡。承認自己在何處走到了盡頭、碰到了極限，並讓自己懷著寬容的心敬重周圍發生的死亡。要擁抱每一刻——不是因爲它可能是我們的最後一刻，而是因爲它確實是獨一無二、無法再次重來的一刻。

練習放下，練習交出你的心，練習讓你的心以一種更擴大、更敞開的方式達到寂然不動。練習放下你對任何事物的執著，將一切化爲空無。盡可能常去面對那件隨著死亡而來令人不安的恐懼，並在其中達到如如不動。

在闔上本書的最後一章時，問自己：由於你的努力，你的哪一部分已經死去或正在消逝？由於你已經決心投入讓你這個男人成長進步的功課，有哪些故事、信念或行爲正在消失？無論是什麼，你都要敬重它、接納它，然後釋放它，就如同我敬重你、接納你，並以最深的感激和尊重釋放你，感謝你朝著你這個男人的進一步成長邁出了步伐。

回答問題↓揭開真相

- 對我來說，死亡是
- 死亡在我的生活中扮演的角色是
- 如果明天我死了，我留下的遺產是
- 關於我自己，我透過這個功課了解到
- 我正在讓它消逝的是
- 我已經開始實施的一件事是
- 我要帶在身邊的是
- 我想要爲自己慶祝
- 關於我的陰影，我了解到
- 我已經開始培養及整合的是
- 我下定決心未來要繼續努力的是

【後記】

建立你的男性聯盟

聯盟的定義是爲了互惠而形成的結合或社團。我創辦「男士交心聯盟」只爲了這個目的：讓所有願意參與直接、開放和成長導向的對話的男人都能彼此互惠。

我向你提出的挑戰是，發展你自己的聯盟——無論是與你生活中已有的男性一起組織，還是透過我們已經建立來自世界各地的男性所組成的聯盟。

本節將分享發展自己聯盟的關鍵要素。

建立你們的兄弟情誼

那些開始發展自己的男性經常問我，他們該如何找到能支持他們的新的男性友誼。

我的回答很簡單：去那些你理想中的男人會花時間的地方，並參加那些致力於以你下定決心的方式發展自己的男性團體。

也許那個理想的男人是在健身房、商業智囊團、男士交心聯盟之類的團體，或是在男士週末營中。也許他正在建立你可以做出貢獻或從中學習的東西，例如特定的工作坊、靜修營、生意或金融論壇。

要直接表達你的意圖。例如，男士交心聯盟的目的就是要提供一個地方，讓你能圍繞在一群志同道合的男性中，這些人除了做自己的內在功課外，也在爲人父親、丈夫和領袖方面追求進步。也許你的意圖是與你生活中的男性發展更有意義和更有深度的關係，或者至少在已有的男性朋友中停止說謊和說眞話。看看他們是否願意與你一起參與這個意圖。

接下來，學會如何挑戰你周圍的男人並讓他們挑戰你。

挑戰勝於競爭

要恢復你的男性關係，就應該把關係的基調從競爭轉爲挑戰。許多男人與周圍的男性之間存在著微妙的競爭感，他們分享自己的性征服或賺錢的故事，卻缺乏以有意義、有建設性的方式來挑戰彼此。明確地說，競爭並不是壞事，它在你的男性關係中當然有其地位。

要願意讓你個人的問題透過反饋和對抗的方式反映出來，而反饋和對抗可能就是你在生活中一直在迴避的事情。

呼籲男人向前

男性關係的成長茁壯建立在相互問責的基礎上，而缺乏互相問責的關係則難以維持。男人之間的關係如果沒有問責，則更像是熟人而非眞正的友誼。如果我們沒有問責、或不願呼籲某個男人向前成爲更佳版本的他，這表示我們對他的人生缺乏興趣。正因如此，許多男性感到孤單或缺乏眞正的友誼。若你也是其中之一，那麼你可能有男性的朋友，但你並沒有朋友在你最需要的時候有勇氣去挑戰你。同樣的，你對其他人也可能是如此：你可能看見你生活中的某個男人的困難，卻沒有呼籲他向前成爲更佳版本的他。

呼籲男人向前是關於他們，而不是你。當你「批評某人」時，它是關於你和你的小我。它是關於你如何「向他們展現」或「讓他們有自知之明」。然而，這對朋友來說並沒有幫助，通常也不會促成任何眞正的進步。但在當下你會覺得很爽。

呼籲男人向前是完全關於他。它是關於他曾表示他想成爲什麼樣的人。它是關於深刻了解一個男人，看到他想成爲什麼樣的父親、丈夫、領袖、企業家，並使他堅守那個願景。

你可能注意到某個親密的朋友在表示要以健康爲優先而減少飲酒之後，卻發現他比平常喝得更多。在這個例子中，呼籲他向前的意思就是挑戰他所作的承諾，質問他爲什麼要反其道而行。這可能聽起來像這樣：「上週你說要少喝兩杯，但這週你喝得比平常還多。這是怎麼回事？」

或者，如果你們有共同的理解，知道彼此可以呼籲對方向前，那麼，它可能聽起來像這樣：「嘿，老兄，我要呼籲你向前。上週你說要少喝兩杯，但我注意到你比平常喝得更多。你的承諾到哪裡去了？你要不要處理一下？」

在你的男性關係中創造一種呼籲彼此向前的文化。向前成爲你想成爲的男人，成爲你相信自己能夠成爲的男人，成爲你知道會在這世界上留下印記的男人。

正如非洲諺語所說的：「一個人走得快，一群人走得遠。」找到那些能夠與你一起走得遠的男人，而速度將超越你獨自所能達到的。

傳遞男人的互助精神

「傳遞男人的互助精神」（#MANITFORWARD）的準則很簡單：願意採取直接而誠實的行動來支持你周圍的男人。它可能意味著成立一個每月聚會的團體，將本書（或任何書）的原則作爲討論的重點。它可能意味著努力去支持剛經歷離婚或分手的男人、爲即將成爲父親的男人組織一個活動，或是找到方法爲某個男人正在建立的事物（他的關係、事業、職業、教育、家庭等等）增加價值。

「傳遞男人的互助精神」意味著將你透過自己的成長所獲得的那些教訓、同情和力量傳遞下去；它意味著將你得到的智慧、指導和機會傳遞給那些你想投入的人。

「傳遞男人的互助精神」可以包括大小不一的行動。以下是一些你可以在日常生活中或每週執行的行動：

- 關心一位通常不會尋求支持的男人。
- 送一個能幫助他在他想要發展的領域取得成長及進步的資源。
- 將一本書、播客或課程轉送給一位你知道會受益的男人。
- 爲你最親近的那些男人主動規劃一次旅行或聚會。

將某個男人給你或曾經給你的東西，傳遞給你生活中的另一個男人。讓你的遺產的一部分，成爲你爲生活中的那些男人作出的貢獻。你在幫助其他男人的同時，也是在幫助所有的人。

國家圖書館出版品預行編目（CIP）資料

男性內在療癒：24個自我整合練習，卸下盔甲，成為真正自信又情緒成熟的人 / 康諾．畢頓（Connor Beaton）著；謝明憲譯. -- 初版. -- 新北市：橡實文化出版：大雁出版基地發行，2024.04
面； 公分
譯自：Men's work : a practical guide to face your darkness, end self-sabotage, and find freedom
ISBN 978-626-7441-13-8（平裝）

1.CST: 自我實現 2.CST: 自我肯定 3.CST: 男性氣概

177.2　　113001853

BC1130

男性內在療癒：
24個自我整合練習，卸下盔甲，成爲眞正自信又情緒成熟的人

Men's Work: A Practical Guide to Face Your Darkness, End Self-Sabotage, and Find Freedom

作　　者　康諾．畢頓（Connor Beaton）
譯　　者　謝明憲
責任編輯　田哲榮
協力編輯　劉芸蓁
封面設計　廖勁智
內頁構成　歐陽碧智
校　　對　蔡昊恩

發 行 人　蘇拾平
總 編 輯　于芝峰
副總編輯　田哲榮
業務發行　王綬晨、邱紹溢、劉文雅
行銷企劃　陳詩婷
出　　版　橡實文化 ACORN Publishing
地址：231030新北市新店區北新路三段207-3號5樓
電話：(02) 8913-1005　傳眞：(02) 8913-1056
網址：www.acornbooks.com.tw
E-mail信箱：acorn@andbooks.com.tw
發　　行　大雁出版基地
地址：231030新北市新店區北新路三段207-3號5樓
電話：(02) 8913-1005　傳眞：(02) 8913-1056
讀者服務信箱：andbooks@andbooks.com.tw
劃撥帳號：19983379　戶名：大雁文化事業股份有限公司

印　　刷　中原造像股份有限公司
初版一刷　2024年4月
初版二刷　2024年9月
定　　價　480元
I S B N　978-626-7441-13-8